早くて質の高い仕事をする方法

100のスキルより
たった1つの考え方で
仕事が変わる

You Can Change Your Way
of Working Just
by Changing Your Way of Thinking

高橋政史
Masafumi Takahashi

CrossMedia Publishing

はじめに

"たった1つの考え方"で人類の歴史が変わった!

　1776年、1冊のベストセラーが生まれました。

　舞台はイギリスの植民地だったアメリカ。トマス・ペインの書いたわずか8ページの『コモン・センス』という冊子は3ヶ月で12万部のベストセラーとなりました。この1冊から、人びとの意識は、「植民地支配の緩和」から一転「イギリスからの独立」へとシフトしていきます。アメリカの独立、それは"たった1つの考え方"からはじまりました。

　舞台は変わり、1930年。イギリスの植民地だったインドで1つの運動が起こりました。60歳を超えたガンジー率いる「塩の行進」。その運動を支えた「非暴力・不服従」という考え方。インドの「独立」、これも"たった1つの考え方"からはじまりました。

「地球は丸い」という考え方から大航海時代がはじまり、「人間は空を飛べる」という考え方からライト兄弟の人類初飛行が生まれ、「人類を月へ」という考え方から宇宙への扉がひらかれた。このように、人類の歴史の大転換はシンプルな"たった1つの考え方"から生まれています。

　これと同じように"たった1つの考え方"で、あなたの仕事も大きく変わります。本書に登場するスティーブ・ジョブズから年収1億円クラスを稼ぐ人たちまで、彼らの成功もまた"た

った1つの考え方"からはじまっています。このことは、本文で詳しく述べるとして、本書では「早くて質の高い仕事」をするための"たった1つの考え方"について、具体的かつ実践的に伝えていきます。

あなたに必要なのはスキル？それとも考え方？

私は、スキルアップに時間とお金をかけてきました。ロジカルシンキング、マインドマップ、自己啓発、モチベーション、MBAプログラム、成功哲学、ファシリテーション、心理学、コミュニーション、NLPなど、仕事に役立つと聞けば、手当たりしだい手を出しました。

さらに、ビジネス雑誌で、手帳術、伝える技術、時間管理術、ノート術、聞く力、整理術、話し方などのスキル特集を目にする度に購入していました。

私は「スキルを強化すれば仕事で成功できる」「いつかこのスキルは必要になるかもしれない」と考え、まるで筋トレをするかのように、あれもこれもビジネスで使えそうなスキルやノウハウを仕入れてきました。

しかし、私の師の次のひと言でスキルを追い求める旅に終止符が打たれます。

「スキルはもう十分でしょ」
「結果につながらないスキルは全部ゴミ！」

彼は、こうも言いました。

「100の最高の武器（スキル）があったとしても、仕事で成果が出ないなら、それはすべてゴミになってしまう。仕事で成果を出すために必要なこと以外、全部捨てろ！」

私はこれまでスキルアップに費やしてきた時間、金額を計算してみることにしました。

時間にして5年間以上。退社後の夜の時間や毎週末。金額は1000万円を超えていました。でも、それが成果に結びついたかどうかという点では、よく見積もっても1％以下。つまり、99％のスキルはムダだったのです。

投資したスキルがムダになる。これは「スキルは時代とともに陳腐化する」という側面からも起こりました。

いま使えるスキルでも、時がたつと使いものにならなくなってしまいます。スキルには旬があるのです。旬を過ぎた食材の価値が下がるように、旬を過ぎたスキルの価値は目減りしていきます。次から次へと新しいスキルが生まれ、古いスキルは徐々に消えていく、この繰り返しです。

一方、時代が変わっても活きるもの、それは「考え方」です。考え方は、数学でいうところの定理や公式のようなものです。時代とともに、新しいやり方が登場しても、定理や公式は変わることはありません。あれもこれもと、問題の解き方を覚えなくても、定理・公式をベースに自分に頭で考えて応用する

ことができます。

　ビジネスにも、数学の定理・公式にあたる「考え方」があります。私自身、スキルでなく「考え方」に焦点をあわせるようになってから、仕事が変わりました。

今すぐ、誰でも、簡単に、実践できる「考え方」

　この本では、あれこれスキルを身につけなくても、シンプルな考え方を実践すれば、誰でも早くて質の高い仕事をすることができるようになる"たった1つの考え方"をお伝えしていきます。
"たった1つの考え方"を実践するだけで、仕事が変わります。

- 目標を達成できるようになる
- 計画通りに仕事が進むようになる
- 報告書、企画書などの書類作成がぱっと片づく
- 会議が1/2の時間で終わる
- 残業がゼロになる
- 仕事や資格の勉強がはかどる
- 自分の本当にやりたい仕事ができるようになる

　これまでがウソのように、すべての仕事が早くて質の高いものに変わっていきます。ちなみに"早い"と"速い"は意味合いが違います。この本でいう"はやい"は"早い"のことで、

手を動かしたりする物理的なスピードをいうのでなく、ムダなく最短距離でゴールにたどりつくことをいいます。

そのために必要なのは、スキルでなく「考え方」。"たった1つ"でいいので、その1つを見極め、あとは実践するだけでOKです。

本書では、まず第1章で"たった1つの考え方"を紹介し、その後2章から5章まで"たった1つの考え方"を実践するための方法をお伝えしていきます。

この本を読んだ後、"たった1つの考え方"を実践するようになると、突然、劇的に仕事の質とスピードがアップしてることに気づくはずです。

さっそく、『100のスキルよりたった1つの考え方で仕事が変わる』世界の扉をあけてみましょう。

なお、本書の第5章「年収アップのための8つの武器」に登場する仕事で役立つフォーマットを専用ホームページよりダウンロードできるので、活用していただけると幸いです。

8つのフォーマットダウンロード ⬇

URL：*http://creative-management.jp/think/*
ID：*gps*
パスワード：*present*

もくじ

3   はじめに

第1章 たった1つの考え方が働き方に革命を起こす

12   メイクだって、仕事だって、考え方が9割

16   年収1億円のコンサルタントと時給900円のアルバイト。その差は「フォーカス」から生まれる

第2章 成功を導くキーワードは「フォーカス」

22   なぜ、仕事が遅い? なぜ、質が低い? 3つのタイプとその理由

26   『iPod』と『消臭ポット』を生んだ究極の数字「1」

30   スティーブ・ジョブズの「9割捨てる!」技術

34   優先順位ではなく、最優先することを決める

第3章 すべての仕事を早くて質の高いものにする「仕事のGPS」

40   車の運転でも、仕事でも、GPSを搭載しよう

44   「原価1/2戦略」のトヨタと「ゴルフ歴1年でスコア90」の51歳大学教授

48   1ゴール、3ポイント、ステップ。これだけで、すべての仕事がうまくまわりだす

54	たった一行がもたらしたなでしこジャパンの金メダル
60	わかりやすい物語で相手を引き込む「映像化」
66	誰もが共感を抱く物語は三幕構成でできている
70	ドラえもんと「ABCトーク」をして物語をつくろう
74	目標を達成するためには「ALWAYS 3点ルール」で捨てまくれ！
78	捨てられない人のための「ザ・ベスト10方式」
82	エジソンの1%のひらめきを結果に結びつける鍵。それは「紙に書いて守る」

第4章 1億円稼ぐ人の仕事の習慣

88	ビジョナリーな未来と冷めない情熱の関係
92	佐藤可士和の「3秒」と年収1億円稼ぐ人の「初日のミーティング」
96	「気分屋」の不安定な「遅くて質の低い仕事」、「規律屋」の安定した「早くて質の高い仕事」
100	気分ワードでモヤっと仕事、事実ワードでパキっと仕事
106	アインシュタインも実践！？語尾の「2文字」で仮説思考に変わる
112	ロジカルなログセをもつ3姉妹の知的冒険
116	年収1億円以上稼ぐ人が必ずもっている「時間の器」

もくじ

第5章 年収アップのための8つの武器

122 トヨタ・P&G・サムソンの「報告書は紙1枚で」
　　実践編　一気に、最速で、紙1枚にまとめる「F1レポート」

130 「わかりましたか?」という意味のない研修はやめよう
　　実践編　学びの質・スピードを高める「GPSラーニング・シート」

138 99%ムダなメモを捨てて、パソコン作業を1/2にする「2大知的道具」
　　実践編　ロジカルならくがき「GPSマップ」

146 不思議と発想が豊かになる「穴埋め式アナロジー」
　　実践編　アイデアを生み出す「アイデア・カクテル」

152 なぜ、企画が通らないのか?企画の良し悪しは、3秒で決まる
　　実践編　企画書をサクッと仕上げる「企画のABC」

160 「プレゼンは2度としない」とトム・ピーターズが言う理由
　　実践編　相手をゴールまで導く「物語プレゼンテーション」

172 なぜ、会議が進まない?「バンパイア会議」と「楽天の12分会議」
　　実践編　短時間で決まる会議「123アクション会議」

180 世界一シンプルな問題解決もGPSで問題なし
　　実践編　問題は5つの箱で整理!「ソリューション・ボックス」

188 おわりに

第 1 章

たった1つの**考え方**が
働き方に革命を起こす

メイクだって、仕事だって、考え方が **9割**

> もうこれ以上の情報は必要ない。みんなすでに情報に浸りきっている。人々が欲しいのは「信念」だ。あなたを、あなたの目標や成功を、そしてあなたの語るストーリーを信じたいのだ
>
> アネット・シモンズ『感動を売りなさい』

女性誌の「メイク特集」とビジネス誌の「スキル特集」

　私の知人にヘアメイクアーティストの女性がいます。彼女はまわりの女性からよく質問を受けます。
　たとえば、ファンデーション。
「ファンデーションをキレイに塗るには、どんな化粧品を使ったらいいですか？」
「どれくらいの厚みで塗ったらいいでしょうか？」
「どうやったらムラなく塗れますか？」
　こうした質問を受けて、彼女は次のように言います。
「みんな、『やり方』ばっかり聞いてくるんだよね。やり方なんて、女性誌で探せば100も200もすぐ見つかる。でも、やり方を覚えてもまったく意味なんかない。やり方なんて、新しい化粧品が出てくるたびに最新のものが出てくるんだし。ファンデーションで大切なことは、ファンデーションを均一に見える

ように塗るという『考え方』。これさえ知っていれば、あとは自分なりにいくらでもやり方を工夫できるもの。やり方より考え方のほうが大事なんだけどね」

　この話を聞いて、メイクも仕事も同じだと思いました。女性誌でメイクのやり方を仕入れるより、「考え方」を押さえていればOKなように、ビジネス誌で紹介されているやり方より"たった1つの考え方"を押さえた方が仕事はうまくいきます。

マニュアル化されていく世界の中で

　彼女はこうも言います。
「雑誌通りのやり方で上手にメイクできたとしても、相手から好印象をもたれなければムダでしょ」
　そもそもメイクは、他人からどう見えるかで決まります。これは仕事でも同じ。仕事はもっとシビアです。相手の評価がすべての世界だからです。

　マニュアル通りのやり方でやったとしても、上司やクライアントが満足してくれなければ、その努力はすべてムダになってしまいます。答えはやり方でなく「相手」にあるのです。

　メイクも、仕事も、相手があってはじめて意味をなします。ですから「相手の目から見てどうか」という視点で考えることができるかどうかが大切になります。

　情報化社会において、世界はどんどんマニュアル化されつつあります。ペットの飼い方から仕事のやり方、恋愛まで、ありとあらゆることがマニュアル化されていきます。手をのばせば

すぐそこにマニュアル、つまり、やり方がある状態です。

だから「これでいいのだろうか……」と不安になるたびに、マニュアル化されたやり方を仕入れるのが習慣になります。仕事で思うような成果が出ないとき、このやり方でいいのか、もっといいやり方があるんじゃないだろうかと、いつも「やり方」に思考回路が向かってしまうのです。

"たった1つの考え方"でシンプルになる

受験のカリスマ講師は「やり方は人の数だけある」と言います。できる受験生はやり方をマネするのでなく考え方を盗みます。考え方に集中すると、ムダがなくなり、ものごとの本質を押さえた、質の高い仕事ができるようになります。

何ごとも"たった1つの考え方"を見極め、その考え方を軸に実践し、工夫を重ね、成果の出る自分なりのやり方を見つけていく。これが基本です。

あなたは答えを誰かに、または「やり方」に求めていませんか？

あれこれと「やり方」に手を出すパターンから抜け出しましょう。何かで成果を出そうと思ったら、まずはそのテーマで押さえるべき"たった1つの考え方"を見極める。仕事、美容、勉強、健康、恋愛、何にでもあてはまります。

Lesson of the Episode

まず、根っこにある考え方を押さえる

Check!

- [ ] 「すごい！ノウハウ」と聞くと気になってしまう
- [ ] 他人のやり方が気になってしまう
- [ ] 教えてもらわないと不安

年収1億円のコンサルタントと時給900円のアルバイト。その差は「フォーカス」から生まれる

> 知識労働では、重要なことは仕事の目的である。これこそ、肉体労働の生産性向上のための条件とは、まさに正反対である。肉体労働では、重要なことは仕事の方法である
>
> P・F・ドラッカー

年収2倍の法則

　時給2000億円だったスティーブ・ジョブズ。年収1億円の外資系コンサルタント。時給900円のコンビニのバイト。その差はどこから生まれるのか？

　私は、昨年1年間で126名のビジネスパーソンの方にコーチングを実施してきました。そこで必ず聞く質問があります。

「今の年収に満足していますか？　もし満足していないのでしたら、いくらだったら満足できますか？」

　この質問に対し、9割以上の人が現在の年収に不満をもらし

ます。そして、年収180万円のアルバイト・スタッフをされている方から、年収数千万円の外資系証券会社の管理職の方まで、おもしろいことに、口をそろえて「今の年収の2倍欲しい」と言うのです。

時給が900円でも、年収が数千万円でも返答は同じでした。実に7割近い方が「2倍の年収が欲しい」と答えたのでした。みなさんはいかがですか。

私はこれを「年収2倍の法則」と呼んでいます。人が満足できる年収は現在の年収によって決まり、現在の年収の2倍で満足する」というものです。

次に、「年収を2倍にしたい！」と答える方に、私はこんな質問をします。

「では、その目標を実現するためのロードマップは描けていますか？ その目標が実現したらどんな夢（ビジョン）を叶えることができるのか、その青写真はありますか？」

この質問に対しては、ほぼ100％近い確率で、「NO」という答えが返ってきました。

年収を2倍にしたいけど、そのための地図をもっていないというのが、多くのビジネスパーソンの現実なのかもしれない。私はそう思いました。

その一方で、本書に登場する年収1億円を稼ぐ人たちに同じ質問を投げかけると、目標とする年収とその目標を達成する時

期が明確で、さらにはそのための青写真とロードマップを、まるで映像が浮かぶかのような鮮明な物語として語ることができるのです。

「年収を2倍にしたい」と言う人の多くはピンボケな目標と地図をもち、「年収1億円」を稼ぐ人はフォーカスされた目標と地図をもつ。

仕事も人生も「フォーカス」で決まる。

これが本書でお伝えする"たった1つの考え方"です。

ジョブズとドラッカーとフォーカス

スティーブ・ジョブズは、「重要なのはフォーカス（集中）だ」と言っていました。

実際、アップルはフォーカスすることで再生しました。たとえば、ジョブズは136品目あった商品を4種類にフォーカスしたのを皮切りに、数々のフォーカスを通してアップルを成功へと導いています。

ドラッカーも、仕事で成果をあげる鍵はフォーカスにあるとして、「重要なことにフォーカスせよ！」と言っていました。これは、特に現代を生きる私たちにとっては重要なことです。

戦後の日本で働いている人の多くを占めていた肉体労働では、「仕事のやり方」にフォーカスすれば成果をあげることができました。政府や大企業が「先進国に追いつけ、追い越せ」でやっているなか、いかに作業を効率よくするかにフォーカスすればよかったのです。

ところが、知識労働が主になった現代では、効率のよい作業は海外に目を向ければ、たくさん手に入れることができてしまいます。そうなると、国内で求められる人材も当然のように変わってきます。
　それは、どういった人材なのでしょうか？
　国内で求められる人材は「目的」にフォーカスすることができる人材です。ドラッカーは、知識労働においては「仕事の目的」にフォーカスすることで、より成果をあげることができると言っています。
　そして、肉体労働から知識労働へシフトできるかどうかが個人の豊かさや国の盛衰までも決定づける時代を「知識社会」と名付けました。どこにフォーカスするかの差が、個人や企業の格差をもたらす時代。それが知識社会の正体です。
　少し別の言い方をすると、知識社会とはフォーカス格差の社会と言えます。やり方でなく、目的にフォーカスできるかどうかが仕事の質とスピード、さらには自分の生き方すら決めてしまう時代です。
「やり方」でなく「目的」にフォーカスする。
　仕事の目的にフォーカスし、仕事の質とスピードを上げる。
　あなたの人生の目的にフォーカスし、人生の質を変える。
　そして、あなたらしさを携えて、仕事に、人生に成功する。
　これ以降では、目的にフォーカスし、知識社会で成功を収めるために必要なことを説明していきます。

Lesson of the Episode

仕事も人生も「目的」にフォーカスしよう

Check!

- [ ] 「年収アップしたら・・・」と漠然と考えている
- [ ] ロードマップがぼんやりしたまま走っている
- [ ] 目的を持たずに日々過ごしている

第2章

成功を導くキーワードは「フォーカス」

なぜ、仕事が遅い？
なぜ、質が低い？
3つのタイプとその理由

> お客様のために、よい品をよい考えで
> 　　　　　　　　　　　豊田佐吉、豊田喜一郎

成果が上がらない3つのタイプ

　一生懸命がんばっているのに、なぜか仕事の成果が上がらない……。そのタイプは次の3つのパターンに分けられます。

　Aタイプ：仕事が遅くて質も低い人
　Bタイプ：仕事が速いが雑な人
　Cタイプ：仕事が丁寧だけど遅い人

タイプ別に処方箋を見ていきましょう。

Aタイプは根本から「考え方」を変える

　仕事が遅くて質も低いAタイプは、そもそも、仕事をする上での根本的な部分を押さえることができていません。
　たとえば、パワーポイントで資料をつくるとしましょう。このタイプは、本来押さえるべきポイントをはずし、資料に使う

写真や図解にこるなど、自分のこだわりに時間をかけすぎてしまいます。

ある程度のこだわりは必要かもしれませんが、スピードと質を低下させるようなプライドは捨てるべきです。

もしかすると、そもそも資料をつくらずに、口頭で説明すれば十分だったかもしれません。あるいは、カンタンなメモ書きを上司に手渡せばすむことだったかもしれません。

フォーカスすることを知るところから、自分の仕事を見なおしてみましょう。

Bタイプは「基礎」にフォーカスする

仕事は速いが雑な人は、基礎をおろそかにしてしまっている人だと言えます。

基礎とは、その仕事をする上で必要な能力や情熱のこと。

たとえば、ライフハックや思考法、ノート術など最新のビジネスノウハウを仕入れ、仕事を加速しようとしても、基礎体力がなければ、かえって仕事が空回りしてまわりに迷惑をかけることになります。

仕事の基礎体力は、筋力のようなもので、毎日鍛えなければ強化されません。そして、鍛えるのには時間がかかります。ですから、Bタイプの人は、腰を据えて基礎をみっちり毎日訓練することにフォーカスする必要があります。

Cタイプは「センターピン」の見極めが鍵

　仕事が丁寧だけど遅い人は、その仕事のセンターピンをはずしている人です。

　センターピンとは、ボーリングの1番ピン。その仕事で成果を上げるために押さえなくてはならない最重要ポイントです。

　仕事では収益アップにつながる重要な活動にこそ注力しなくてはいけません。売上アップのためのセンターピンと、コスト削減のためのセンターピンを押さえることが仕事の基本です。

　例をあげると、飲食の業界なら、売上アップのセンターピンは回転数、コスト削減のセンターピンは食材費でしょう。食材費と回転数をコントロールできなければ十分な収益を出すことができません。

　仕事におけるセンターピンを見極め、フォーカスする。仕事をする上での原理原則です。

　仕事が丁寧すぎて、仕事が遅い人というのは、丁寧にするところが間違っています。あるいは、仕事のすべてを全力でやろうとしてしまいます。仕事はメリハリが大事といいますが、このメリハリが意味することは、センターピンに1点集中すれば、あとは自然と仕事がまわるということです。

　以上3タイプの成果が上がらないビジネスパーソンを見てきましたが、どのタイプもフォーカスがうまくできていないことが原因だと言うことができます。

Lesson of the Episode

ピンボケ仕事に必要なのは、フォーカスすること

```
              質が高い
                ↑
   タイプC      |    フォーカス・タイプ
   あれも       |    これで
   これも…     |    いける！      大当たり！
   フォントを   |
   横2mm…     |
                |
おそい ←────────┼────────→ はやい
                |
                |    すぐします！
                |    やっておきました！
   タイプA      |    タイプB
                ↓
              質が低い
```

Check!

- [ ] 努力が空回りしてしまう
- [ ] あれもこれもと目移りしてしまう
- [ ] パソコンの前でフリーズすることがある

『iPod』と『消臭ポット』を生んだ究極の数字「1」

> 1から離れれば離れるほど、複雑になっていく
> ケン・シーガル『Think Simple』

究極の数字＝「1」

　マジック・ナンバー7といって、七不思議、七福神、映画『七人の侍』など、ものごとを数字の7で整理をするとわかりやすくなります。人間が短期的に記憶できる限界の数が「7」なんだそうです。

　あるいは、言いたいことは3つでまとめなさい、理由は3つに、など、数字の「3」を使うと大事なポイントがクリアに見えてくるとも言います。

　しかし、私がすすめるのは7でも3でもなく、「1」です。

　スティーブ・ジョブズは「1」にこだわりました。たとえばiPodのボタンの数。ジョブズは、iPodのボタンの数をどうしても1個にしたくて、開発担当者に何度も何度も詰め寄りました。その結果、iPodやiPhoneなど、ボタンが1個の爆発的ヒット商品が誕生しました。

　商品もiPod 1個に絞り、オーディオプレイヤーを製作する競合他社の100倍の広告宣伝費を投じたのも効を奏して、後発のアップルがソニーのウォークマンの牙城を崩し、競合ひしめ

く市場でシェア1位になります。
　ボタンも1個、商品も1個でフォーカスする。これがジョブズのフォーカスする力であり、アップルの成功を支える考え方です。そこにはいつも究極の数字「1」がありました。
　ひたすらにシンプルをモットーとしたジョブズ。
　レオナルド・ダ・ヴィンチも「シンプルさは究極の洗練」だと言っていたそうです。
　すべては「1」からはじまります。

消臭ポットも「1」から成功

「捨てるのは社長の仕事だ」と言うのは、エステー化学の鈴木喬会長です。
　不良在庫の問題を棚上げしている社員は、
「5億円くらいかかりますよ？」
「また売れ出すかもしれませんよ？」
　とか、捨てられない言い訳をします。
　そんな社員に対し、鈴木会長が放ったひと言は、
「とにかく全部、捨てちまえ！ トラック100台呼んでこい！」
　というものでした。
　鈴木会長は社長に就任したとき、年間60個の新商品の開発のうち59個をやめて、たった1個の商品開発にフォーカスしました。そうして誕生した新商品が、「消臭ポット」です。
　当時、消臭芳香剤市場では、5年間で1000万個売れればヒット商品と見られていたのに、わずか1年間で1000万個の売

り上げを達成する大成功へと導きました。その成功も「1」にフォーカスするところから生まれました。

　日本企業ではよく「人の数だけ、仕事がつくられる」と言われます。当時のエステー化学もそうでした。新商品を毎年60個も開発していた理由は、新商品開発の担当者が60人いたから、というだけのものでした。

　複数の事業があるならば、ひとつひとつの分析をコンサルティング会社に依頼したり、社内で検討プロジェクトのチームをつくったりして、膨大な人員と時間を使います。でも、1つにすると決めてしまえば、ものごとはシンプルになります。

　新商品開発60個を1個に。当時のエステー化学の役員は、この決断に全員反対しました。しかし、鈴木社長には覚悟がありました。鈴木社長は、新商品の開発をたった1つにフォーカスすることで、商品コンセプトづくりから製造、広告まで、人、もの、金、知恵を一点集中で注いでいきました。

　また、商品展開を1個にフォーカスすることで、いくつかの商品に分散していた広告予算約30億円を、その一点に集中投下することもできたのです。

Lesson of the Episode

"あれもこれも" はやめて、「1」にする

Check!

- [ ] 優先順位の「1番」がぼんやりしている
- [ ] 「たった1つ」だけ選ぶのが苦手
- [ ] リスクや不安を分散しようと考えがち

スティーブ・ジョブズの「9割捨てる!」技術

> より少ないことは、より豊かなことである
> 建築家　ミース・ファン・デル・ローエ

多くの人は、なぜか足し算ばかりしてしまう

　もう少し、捨てる話をしましょう。
「みんな、なんで引き算ができないのだろう」
　これは、とある証券会社のトップの方の言葉です。
　企業から個人まで、足し算はするけど引き算はどうも苦手なようです。
　たとえば、禁煙、ダイエット、お酒、ネット依存など。やめればいいのはわかっているのに、なぜか「引き算」することができないことは多いものです。
　人類の歴史は飢えとの闘いの歴史です。ですから、人間は飢えないように食べられるときに食べる、手に入れられるときに手に入れておく、足し算する習慣が身体に染みついています。
　つまり、足し算しかしたことのない人間が引き算をする必要性に駆り立てるようになったのはほんのここ10年、20年のことです。食べ物も商品もつくれば売れる時代から飽食・モノ余りの時代へ移り変わる瞬間から、引き算が私たちに求められ始めたのです。

引き算とは、いらないものを削ること、捨てることです。
「書類が捨てられない」
「パソコンの中のファイルやメールを捨てられない」
「ムダな時間だとわかっていながらついネットを見てしまう」
　など、私たちはいつも捨てられないものに囲まれています。
　これは何も会社に限らず個人の生活全般についても言えます。たとえば、洋服や本や小物など、捨てようという気持ちはあるけど、捨てられないものはたくさんあります。その一方で、新しく買った洋服や本が増えつづけています。
　企業も同じで、会社の盛衰が決まる土俵際まで収益性の低い事業を捨てることができません。
　世の中を見渡すと足し算だらけ。
　放っておくと私たちは足し算をしてしまいます。

捨てる基準をもつ

　想像してみてください。あなたが部屋にいて、あなたの目の前には100冊の本があります。あなたはその中でもういらないものを捨てるとします。
　あなたなら、どのようなやり方で捨てますか？　多くの方が1冊1冊を手に取り、「これはいる」「これはいらない」という2つの山で分けて、いらない本をひとつずつ見極めていくのではないでしょうか。これでは時間ばかりかかってしまいます。
　仕事においても捨てる際にこのように手間のかかるやり方をしてはいませんか。それでは、早くて質の高い仕事は生まれま

せん。

　まずは、明確な捨てる基準をつくることが大切です。
「ジョブズの手法がほかのみんなと違うのは、最も重要な決定とは何をするかではなく、何をしないかを決めることだと信じていた点だ」と話すのは、アップルの元CEOジョン・スカリーです。
「何をしないかを決める」ことが自分の仕事だと心得ていたジョブズ自身、「9割捨てる」という言い方でもって、この考え方を表現しています。

　サイバーエージェントの藤田晋社長は、
「整理するのではなく、捨てる」
と言ってこれを実践しています。

　藤田社長が以前勤めていた会社でのこと。午前中に机に積み上がっていた書類が、午後にはすっきり片づいている。これを不思議に思った同僚が藤田社長に聞くと、「全部捨てた」という答えが返ってきたそうです。

　藤田社長の場合、全部捨てることを基準としていました。

　捨てる基準が明確であれば迷うことなく、捨てることができます。明確な基準が登場することで、あれもこれも重要と思い込んで捨てることができなかったものが、すっきりシンプルに捨てられるようになります。

Lesson of the Episode

「9割捨てる！」を大前提にしよう

Check!

- [ ] 片づけるのが苦手
- [ ] 書類を捨てられない
- [ ] わかっちゃいるのにやめらないことがある

優先順位ではなく、
最優先することを決める

> 優先順位は、果てしない決断の苦悩から人びとを救う
>
> チップ・ハース、ダン・ハース

優先順位を決めるのは意外と難しい

「優先順位をつけるのは大事」だということがわかっていても、なぜかできない。そう思ったことはありませんか。

どんどん受信ボックスに溜まっていく、返信しなくてはならないメール。「ちょっといいか」と降ってくる上司からの指示。ツイッター、フェイスブックのチェック。銀行振り込みに翌週の合コンの予定調整……。

仕事は上にあげたような雑事ばかりではありませんね。これに加えて、もっと責任の重い仕事を背負わなければなりません。それは社内での立場が上になればなるほど、ますます重荷になってくるでしょう。

そうやって、いつもやらなければならないことで頭の中がいっぱいになってしまっていて、優先順位のことまで考えている頭の余裕と時間的余裕がないのです。

仕事を手際よく片づけることができる人は、優先度の高い仕事だけにフォーカスし、あとは捨てる潔さがあります。つまり、優先順位を決める、優先順位の低いコトは捨てる。これが

できれば、「早くて質の高い仕事」ができるようになります。

でも、ここで問題が発生します。それは、「優先順位をつけるのは意外と難しい」ということです。そのため、「優先順位をいかに決めるか」というやり方を紹介する雑誌の特集や書籍はたくさんあります。

たとえば、タイム・システムというやり方では「ABCで重要度を振り分けなさい」と紹介しています。

また、『7つの習慣』で有名なスティーブン・R・コヴィー博士は優先順位マトリックスを紹介し「緊急度と重要度の2つの軸でものごとの優先順位をつけよう」と言っています。

他にも「20：80で管理せよ」など、優先順位を決めるやり方がたくさんあります。

でも、こうしたやり方がわかっても、なぜかできない人はたくさんいます。あるやり方でダメだったからといって別のやり方へ乗り換えることを繰り返しています。

大事なことはやり方より考え方。ここでは「優先順位が決められない……」から卒業するための考え方を紹介します。

優先順位でなく「最優先を1個だけ」決める

「今転職しようかどうか迷っています。でも、彼女といずれ結婚することを考えると今の職場でもいいかなと思っています。いずれ独立もしたいけど不安があります。どうしたらいいでしょうか？」といった、ありがちな人生相談。

こんな相談を受けたとき、作家の村上龍は「答えようがな

い」と言います。なぜなら優先順位が明確でない人にはアドバイスできないからだそうです。

　優先順位が大事だとする姿勢は、村上龍の生き方にも表れています。「わたしの場合、優先するのは『小説』です。小説を書くためにプラスになることなら進んでやりますし、小説の執筆を阻害することは避けます」と言っています。2位以下はどうでもよいのです。とてもシンプルです。

　イチローの場合、人生の優先順位の1位は野球。石川遼の場合はゴルフ。それ以外は、どうでもいいもの。一流な人ほど、"たった1つ"にフォーカスします。

　1つのことだけにフォーカスして、10年、20年、人生のすべてを注ぎ込んでいるから一流になっているとも言えます。

　本当に大事なこと。それは「優先順位を決める」ことではなく、「優先順位第1位を決める」ことなのではないでしょうか。「優先順位がつけられない……」という人ほど、受験参考書のあちらこちらに蛍光マーカーを引くように、あれもこれも大事にしてしまいがちです。1つにしぼらないから、いろいろと目移りし、結局どうすればいいのかよくわからなくなってしまいます。

　優先順位をつけるときは結婚と同じ。一番好きな1人と結婚するように、一番大事な1つだけを決めてしまうのです。

「1つ」にしぼれば、効率もあがる

　ここで、次の3つの質問について答えてみてください。

「今日、やらなくてはならない一番重要なことは何ですか？」
「今週、やらなくてはならない一番重要なことは何ですか？」
「あなたの人生において一番重要なことは何ですか？」

即答できたでしょうか。

こう聞かれたら即座に答えられるようにしておきましょう。フォーカスが人生の密度をより濃くしてくれるからです。

ハーバード医科大学のジェフ・ブラウン博士とマーク・フェンスクは「優先順位をつけるだけで集中力は倍増する」と言っています。「いま、一番大事なのはこれ！」と即答できるくらい脳を整理しておけば、雑事に惑わされたり、一時の気分の誘惑に負けたりすることなく、その一点だけにムダなくエネルギーを注ぐことができるそうです。フォーカスの有用性は科学的にも証明されているのです。

村上龍はすでに書いた通り、「自分が何を望んでいるのかはっきりしない人にアドバイスはできない」と言う一方で、「優先順位をつけることができれば、誰かに相談する必要はなくなる」とも言います。

大事なことを頭に刷り込ませるためにも、「1つ」ぐらいがちょうどいいのではないでしょうか。いくつもやり遂げることはできませんし、それらが交錯してぶれてしまっては元も子もありません。

Lesson of the Episode

いま、一番重要なことは何ですか?

Check!

- [ ] 優先順位をつけるのが苦手
- [ ] 「なんとなく」が口グセ
- [ ] 優柔不断で、よく迷うことがある

第3章

すべての仕事を早くて
質の高いものにする
「仕事のGPS」

車の運転でも、仕事でも、
GPSを搭載しよう

> いつかはゴールに達するという歩き方ではだめだ。一歩一歩がゴールであり、一歩が一歩としての価値をもたなくてはだめだ
>
> ゲーテ

GPSをセットして仕事をしませんか？

目標達成ができない……。
計画通りに仕事が進まない……。
報告書作成に時間がかかりすぎている……。
企画書、プレゼン資料の作成で今日も残業……。
資格の勉強がはかどらない……。

まさに迷走状態。迷走しだすと、時間が延々とかかり、思うような成果が生まれないことはよくあるものです。この「迷い」こそ、仕事をする上で避けるべきです。

迷わず、悩まず、最短最速でゴールまでたどり着ける、早くて質の高い仕事のキーワードが「フォーカス」です。

何度も繰り返しこのキーワードを言いつづけてきましたが、この章ではフォーカスするためのフォーマットツール、「仕事のGPS」について説明します。

車の運転も、仕事も、基本３点セットでうまくいく

　仕事は車の運転と同じです。

　カーナビで目的地を入力すると、自動で目的地までの最短ルートを導き出してくれて、最速で目的地まで車を運転していくことができます。それは、カーナビに位置情報管理システム、「GPS」が搭載されているからです。

　早くて質の高い仕事も、GPSを搭載した車のように、迷わず悩まず、最短ルートで目的地にたどりつきます。

　一方、遅くて質の低い仕事は、いうならばGPSが搭載されていない車のようなものです。途中で道に迷う、ルートを外れてしまう、そもそも目的地があいまい、目的地にたどり着けない、途中でガス欠になるなど、とにかく思い通りに車を運転して目的地にたどり着くことはできません。

　ですから、仕事にもGPSを導入して欲しいのです。

　私はわかりやすく「仕事のGPS」と呼んでいます。

　G（Goal）：目標。どこに向かうのか。
　P（Points）：目標達成のためのポイントは何か。
　S（Steps）：どんな手順（ステップ）で実現するか。

　３つの頭文字をとって「仕事のGPS」です。このGPSがクリアなときは早くて質の高い仕事が生まれ、逆にGPSがぼんやりした状態だと遅くて質の低い仕事が生まれます。

「仕事のGPS」のメリット

『1分間マネジャー』で有名なケン・ブランチャードは、『なぜ、ノウハウ本を実行できないのか』という本の中で、ビジネスパーソンが研修や本で学んだことを「できる」ようにならない理由を2つあげています。

① あれもこれも手を出しすぎるため、1つのことをきっちりマスターする習慣がない
② とにかく、「できる」ようになるまで1つのことを繰り返すことができない

この2つの問題点を「仕事のGPS」は解決してくれます。後述しますが、GPSの設定は徹底的にシンプルなので、あれもこれもとなることはないですし、「仕事のGPS」という型を固めてしまえば、どんな仕事がふってきてもその型にはめて繰り返すだけで済みます。

基本の型を繰り返す。これが王道です。スポーツでも勉強でも同じです。基本ができなければ、いくらスキルを身につけても全部ムダです。

ぜひ「仕事のGPS」をセットし、あなたの本当のゴールの実現に向けて、生きた学びを実践していってください。

Lesson of the Episode

出発点で
「仕事のGPS」を
セットする

目的地を入力して下さい

Check!

- [ ] いつも目標がピンボケ
- [ ] 仕事の成功パターンが少ない
- [ ] 段取りをきちんとしていない

「原価1/2戦略」のトヨタと「ゴルフ歴1年でスコア90」の51歳大学教授

> 練習が必要なんだ。・・・基本の考え方を覚え、それが身体に染みこむまで何度も繰り返す
>
> 大前研一

トヨタの「ムダとり」を支える「考え方」

　トヨタ生産方式の実施指導にあたるカルマンの若松義人さんは著書の『トヨタ式改善力』の中で、トヨタを離れ、あるメーカーの役員として生産改革に取り組もうとしたとき、もっとも困ったのが「言葉が通じない」という問題だったそうです。

　自分がやっていることを「ムダ」と認識していない人に、「ムダを省け」と言ってもそう簡単には通じない。

　トヨタでは「ムダとり」という言葉があります。この共通言語を使えば、すぐに意味が通じるのに、「ムダとり」の「考え方」のない別の会社では、「ムダとり」という言葉と「考え方」の共有からスタートする必要があります。

　トヨタ生産方式の「やり方」については書籍をはじめ世間にひろく紹介されていて、手をのばせば誰でも手に入ります。ところが、なぜかトヨタと同じレベルの生産性を実現するのは難

しいのが現実です。

　よく「戦術(やり方)は見えるけど、戦略(考え方)は見えない」という表現を目にします。仕事で成果をあげるためには、目に見える膨大な「やり方」に目を向けるのではなく、その根本に潜むシンプルな「考え方」を理解することです。

　そんなトヨタの「考え方」には3つの特徴が見えてきます。たとえば、「原価1/2戦略」。

① 「原価1/2」という明確な目標(ゴール)があること。トヨタではやみくもに改善することはなく、必ず目標(ゴール)があって改善がある。それがセットになっています。
② 「なぜ5回」「報告書は紙1枚」など、目標達成のために押さえるべきいくつかのポイントを必ず押さえている。そこから基本の型が生まれます。
③ 毎日、現場で、全員が、「ゴール」の実現を目指し、試行錯誤を繰り返し、「基本の型」を「習練」しながら生産性を高めていきます。

「ゴール(G)」「ポイントを押さえた基本の型(P)」「習練・ステップ(S)」。この3点セットがあってはじめて、ひとつひとつのカイゼンは活きたものになります。

ゴルフも「1つの型」

「みんなは私と同じような"考え方"をしないんだよな……」

と話すのは、50歳でゴルフをはじめて1年でスコア90を切った山形大学教授の城戸淳二さん。

大学教授の職が忙しいため、練習は週に1回という悪条件。しかも半年間はケガでゴルフができず、さらに冬場は雪におおわれる東北の地にあって、この成果は驚異的です。

こう聞くと、ゴルフの関心のある人なら「城戸淳二さんには特別なノウハウがあるにちがいない」と思うかもしれませんが、城戸淳二さんも1つの型を繰り返しているだけなのです。

① 1年で90を切るという「目標（ゴール）」を立てた
② マスターすべき「基本の型」を決めた
③ 週1回、基本の型を身につける「習練」をした

「目標（G）」「ポイントを押さえた基本の型（P）」「習練・ステップ（S）」、この3点だけです。人によっては、最新のクラブを買い求め、毎日のように練習場に通い、ゴルフをはじめて早10年、それでも「夢のスコア90」という人はたくさんいます。ゴルフのスコアアップもGPSしだいというわけです。

整理しましょう。ゴールがあり、基本の型があり、その型を繰り返し習練し、ゴールを実現する。じつにシンプルですね。

○○ダイエット法、○○美容法、○○勉強法、○○仕事術など、ありとあらゆることがマニュアル化されていても、できない人はたくさんいます。そのなかで、成果を出すにはGPSをセットし、「基本の型」を繰り返すことなのです。

Lesson of the Episode

徹底的に「1パターン」を繰り返す

G～P～ S!!

Check!

- [ ] ゴールを決めていない
- [ ] 地道なことが嫌い
- [ ] コツコツつづけることができない

1ゴール、3ポイント、ステップ。
これだけで、すべての仕事がうまくまわりだす

> 私たち一人ひとりが航海しているこの人生の広漠とした大洋の中で、理性は羅針盤、情熱は疾風
>
> 詩人　アレキサンダー・ポープ

「仕事のGPS」は戦略レベルから日常まで使えます

　戦略というと複雑で難しいメソッドが必要なように思えますが、要は、戦略とはフォーカスです。

　戦略コンサルタントでも、一流の人ほどシンプルなフレームワーク（基本の型）1つ2つだけで、目の前の複雑な問題を料理し、最高の解決策を導き出してしまいます。

　普通のビジネスパーソンであれば、万能包丁1本、つまりシンプルな基本の型が1つあれば十分です。その基本の型が「仕事のGPS」です。

　つまり、戦略にせよ日常の業務にせよ、はじめに「仕事のGPS」を正しくセットできるかどうか、その一点を考えればいいだけです。

　「一芸に秀でる者は多芸に通ず」という言葉があるように、中途半端にしか使えないフレームワークを10も20も知っている

より、"たった1つの考え方"、つまり「仕事のGPS」で仕事をすればよいのです。

「仕事のGPS」は、誰でも、いつでも、どこでも、どんなビジネスシーンでも活用できます。

「仕事のGPS」の基本の型は51ページの図のようになります。

　G：1ゴール。理想の姿（ビジョン）を目指してゴール（目標）を設定します。
　P：3ポイント。ゴールを実現するために押さえておくべき3つのポイントです。
　S：ステップ。ゴールの実現に向けての手順です。

　ここでは、「仕事のGPS」がどのように描かれるのかを見ていきます。

「仕事のGPS」で「貯金」ができる私になるとしたら

「仕事のGPS」は仕事のみならず、日常生活における選択、さらには人生の選択まですっきりシンプルにできるようになります。

　たとえば、貯金。仮に、あなたが本気で貯金をしたいとしましょう。

　そこで、貯金のやり方の本を読んだり、ファイナンシャルプランナーのセミナーへ足繁く通ったりして、貯金する生活へシ

フトしようとする。でも、なかなか貯まらないとします。

マネー・コーチに「貯金はマインドが9割」と言われ、「意識しだいで貯金はできる」と思い込んで、2ヶ月はうまくいったけれど、忘年会シーズン到来。「まあ、今月はいいか」と気がゆるんだら、結局元の木阿弥。

これって、貯金に限らず、ダイエット、禁煙、なんでもあてはまりませんか？「わかっているけど、なぜかできない」。そんなときは「仕事のGPS」です。

　G：貯金をする。その金額と期日を決める。

　P：優先順位を、1位「貯金」、2位「生活」、3位「趣味」と決める。そのために、基本の「型」を選択する。「貯金をした残りで生活する。もし余ったら趣味に使う」と決める。

　S：あとは必ず、「できた！」になる手順を決める。たとえば、銀行へ行き、定期預金口座を作る。同時に、毎月の給料日に給与振り込み口座から定期預金口座に振り替える額を決め、用紙に記入して提出する。それから、月末に生活費が足りなくなりそうなときに備えて、選択肢を3つ用意する。

このように、「仕事のGPS」で考えれば「わかっているけど、なぜかできないこと」を決断し、行動に移すことができるようになります。

- **Goal** …… 理想の姿、目標
  1ゴール
- **Points** …… ゴールを実現するための
  3つのポイント
- **Steps** …… ゴールまでの手順

GPSをセットするには「ビジョン」が欠かせない

　貯金をしたい場合のGPSの設定の仕方を見ていただきました。さて、ではそもそも何のための貯金なのでしょうか？

　世の中には「貯金が趣味」という人がいますが、それは置いておいて。もし、あなたが「貯金が趣味」でないとしたら、貯金して貯めたお金で何か実現したいことがあるはずです。つまり、貯金を貯めた先にある、本当に実現したい「夢（ビジョン）」です。

　もし、このビジョンがピンボケだとしたら、そもそも貯金をする理由が見当たりません。

「貯金を本気でしたいけど、なかなかできない……」という人の多くは、GPSのセット以前に、ビジョンがピンボケになっている可能性があります。

　GPSのセットは、まずG、つまりゴールの設定からはじまります。このゴールが正しくセットされていないと、すべてが台なしになります。まず、はじめにビジョンありきです。

「仕事のGPS」を描く前に、三角形のピラミッドの頂点の上にある領域に、映像化したビジョンを文字にして書き出しましょう。

Lesson of the Episode

「仕事のGPS」は ビジョンを描くところから はじまる

フォーカス！

Goal
Points
Steps

Check!

- [ ] G：ゴールが「成功する」というようにあいまい
- [ ] P：「こうすればうまくいく」というコツがつかめない
- [ ] S：段取り通りに進まない

たった一行がもたらした
なでしこジャパンの金メダル

> 生産性なんていうのは目標（ゴール）がはっきりわかっていなければ、まったく意味をもたない
> 　『ザ・ゴール』の著者　エリヤフ・ゴールドラット

経営コンサルタントの秘密

　前項では、「仕事のGPS」のゴールにはビジョンが必要だと言いました。ここからは、すべてのはじまりとなる「仕事のGPS」のG、つまり目標設定について見ていきましょう。

　経営コンサルタントの方の書かれた本の中には、「イシュー」「コンセプト」「質問力」「問題解決」「KFS」「インパクト」「バリュー」などの言葉が登場します。

　これらの言葉を全部ひっくるめて「ゴール」と言い換えることができます。仕事の出発点で「何をゴールにするか」を決める。すべてはそこからスタートします。

　経営コンサルタントの秘密をひと言でいうと、それは「正しいゴール」を設定するということです。

　世界中の生産現場に革命をもたらした『ザ・ゴール』のエリヤフ・ゴールドラット博士も、文字通り「企業は何をゴールにすべきか」という問いに対し、「ボトルネック」にフォーカスせよと語っています。

『ビジョナリー・カンパニー』の著者ジム・コリンズも、「企業は何をゴールにすべきか」という問いに対し、「規律」にフォーカスせよと語っています。

このように、著名なコンサルタントや経営学者の人たちに共通するのは、「何をゴールにするか」をとても重要視していることです。

ドラッカーは「仕事の定義」からはじめよ！と言います。ゴールドラット博士は、ものごとが複雑になる理由を「正しいゴールを決めることができないから」と言っています。

要するに、「正しい目標（ゴール）設定で仕事も経営も決まる」ということです。すべては「目標（ゴール）」からはじまるのです。

なでしこジャパンに学ぶ「わかりやすい目標」の力

では、正しい目標設定とは何か？

この点についてはさまざまな定義がありますが、目標設定において必ず押さえなくてはならないことが1つあります。それは「わかりやすい目標設定」です。

なでしこジャパンのワールドカップ金メダルの獲得の成功要因を聞かれ、佐々木監督は「わかりやすい目標設定」がすべてだった、と言っています。

北京五輪でベスト4に終わったとき、佐々木監督はメダルをとった他の国が「金メダルの獲得」を目標にしていることに気づいたのです。

一方、なでしこジャパンは、「ベスト4で戦えるチームになる」というあいまいな目標で練習を積んできました。

　この目標設定の違いが、結果の差をもたらしたと実感した佐々木監督は、さっそく「次のワールドカップで金メダルをとる」というわかりやすい目標を立て、選手を導いていきました。そしてご存知のように、なでしこジャパンは見事に金メダルを獲得しました。

ジョブズの「1行搾り」

　経営、仕事における肝をひとつあげるとしたら「わかりやすい目標」設定にあります。

　スティーブ・ジョブズが、コンサルティング会社やリサーチ会社を使わなかったことは有名です。ジョブズはその代わりに、シンプルで、わかりやすい戦略をつくりました。その戦略は「たった1行」で、小学生でも理解できるくらいわかりやすいものです。そこには、複雑な分析データや分厚い資料もなければ、難しい理論や耳慣れない横文字も一切登場しません。あるのは、たった「1行」のシンプルな言葉。その「1行」から広がる、心躍らせる物語だけです。たった1行で、人と組織を動かすアプローチを、私たちは「ジョブズの1行搾り」と呼んでいます。

「1行」で変わる

　ジョブズは、アップルの危機を救い、アップルの伝説を築き

ました。その出発点には、いつも「1行」があります。「1行」にとことんこだわったのです。たとえば、商品コンセプト。

・「今日、アップルが電話を再発明する！」
・「iPodシャッフルはガムより小さくて軽いんだ」
・「iPodはトランプ1組の大きさしかないんだ」

　など、小学生でも理解でき、「3秒で映像が目に浮かぶ1行」です。ジョブズは、このように一度聞いたら記憶に刻まれる「1行」を数多く生み出しました。ジョブズの「1行」。それは、ジョブズの次の考え方を最も象徴するものでした。

「シンプルであることは、複雑であることよりもむずかしい。物事をシンプルにするためには、懸命に努力をして思考を明瞭にしなければならないからだ。だが、それだけの価値はある。なぜなら、ひとたびそこに到達できれば、山をも動かせるからだ」（スティーブ・ジョブズ）

　多くの人は「山をも動かす1行」に到達する前にギブアップしてしまいます。ジョブズはマックワールドの講演前の3ヶ月間は、講演内容、つまり「何について、どんな言葉、どう語りかけるか」を考え抜きました。ひとつひとつの言葉に磨きをかけていき、「1行」を搾り出したのです。なぜか。「1行」の力を知っていたからです。

「すべての倉庫をキャンセルしろ！」

　ある日、ジョブズから各国の現地法人の社長のもとに届いた1通のメールには、「すべての倉庫をキャンセルしろ！」とだけ書かれていました。

　そして、この1行から「倉庫ゼロ」というアップルの物流戦略は現実化していきます。

　こんな1行なら、3秒で伝わり、小学生でもそのゴールをイメージできます。つまり、迷わず目指すことのできるゴールがそこにあります。1行で戦略が示され、その実現のやり方は、各リーダーが自ら考えて実行していく。実にシンプルです。

　この「1行」からはじまる物語にアップルの社員一人ひとりが胸を躍らせ、意識とエネルギーをゴールに向けて走り出します。ジョブズ「たった1人」による「たった1行」の戦略からはじまった歩みが、世界の注目を集めるアップルの奇跡をもたらすことになります。

　なでしこジャパンの佐々木監督の「金メダルをとる」という目標設定にしても、ジョブズの「すべての倉庫をキャンセルしろ！」という1行の戦略にしても、わかりやすい表現であることに加えて、ゴールまでの物語をみんなが共有できています。その力によって、結果に結びついているのです。

　つまり、わかりやすい表現をするのは、ゴールまでの物語をみんなに見せるための1つの方法なのです。

Lesson of the Episode

いまの目標は「わかりやすい」？

Check!

- [ ] 目標設定が苦手
- [ ] 自分がしたいことがわからない
- [ ] すぐに難しい言葉を使ってしまう

わかりやすい物語で
相手を引き込む「映像化」

> そうだ、人生は素晴らしい。何より大切なのは勇気だ。想像力だ
>
> チャーリー・チャップリン

わかりやすい目標を共有する映像化

　わかりやすい目標をみんなで共有するには、物語がないとダメだというお話をしました。その物語をつくるために、本書で紹介するのが「映像化」です。

　ある大手流通企業向けに新規業態の企画を提案したときのことです。その場には、その案件の決済をする取締役以下、業態開発担当者から広告代理店まで、その企画に関わるすべての人たちが一同に介しました。その席で、クリエイティブ・ディレクターのプレゼンがはじまります。プレゼンといっても、プレゼン資料もなければ、パソコンも使いません。口頭だけです。時間にして10分間ほどでした。そのプレゼンが終わった瞬間、取締役がひと言いました。
「まるで、見てきたみたいだね」
　その場でその企画はGO!になりました。まるで映画の予告編のように、その新業態のお店に、どんなお客さんがやってきて、スタッフとどんな会話を交わし、1日の終わりには何がお

きて、その新業態が3年の年月の中で、どのようなカタチで地域の人びとの日常に溶け込んでいくのか、そのプレゼンを聞いたすべての人の脳裏に映像が映し出されたのです。

　取締役の「まるで、見てきたみたいだね」のひと言には、「あなたはタイムマシーンにでも乗って、すでにその新業態ができているシーンに行ってきて、そこで何が起こっているのか、見てきたようですね」という意味が込められていました。

　当時、私は戦略系コンサルティング会社を卒業したばかり。ロジカルなプレゼンに慣れっこだったので、「これが、プレゼンか。これぞ、プレゼン」と実感しました。それまでも、外資系コンサルティング会社のグローバル・パートナーのプレゼンをはじめ数々のすごいプレゼンを見てきましたが、この「映画の予告編」のような映像が目に浮かぶプレゼンを目の当たりにしたのははじめてでした。

　このプレゼンを見た瞬間、私の中ですべてが変わりました。それまで、思考をクリアにできなかったのは、頭の中で「映像化」ができていなかったからだと気づいたのです。そして、その日以来、頭の中で「映像化」することを習慣化しました。

　ビジネスの世界では耳慣れない言葉で、もっぱら映画やTVの世界の用語ですが、この「映像化」という考え方を知ることで、仕事の質とスピードは一変します。

ピンボケ君の仕事：ただパソコンに向かって作業をする

　遅くて質の低い仕事が生まれる理由として、センターピンを

はずしているというお話をしました。要するにピントが合っていない、ピンボケの仕事です。ピンボケの仕事は、映像化しようとしても映像を鮮明に見ることができません。
「ピントがずれているんだけどな……」
　思わずそう言いたくなるシーンによくでくわします。ピンボケの写真が使いものにならないように、ピンボケの仕事も成果につながりません。
　たとえば、上司に「明日11時からA社の部長と打ち合わせがあるから、そのときまでにA社の状況をまとめて資料をつくっておいてくれ」と言われたとします。
　ピンボケ君の場合、「はい、わかりました！」と元気よく返事をして、さっそくノートパソコンで資料づくりをはじめます。翌日の10時半ごろまでには上司に資料をメールで送信できるように、一生懸命資料作りに励みます。次の日の10時半、上司のところへ資料を送信して仕事が完了。そして、アポイントのあったクライアント先へ向かいます。
　ところが、クライアント先から会社へ戻ってくると、上司はかんかんに怒っています。
「なんなんだ、あの資料は。あんな分厚い資料で説明できると思っているのか。部長との打ち合わせの時間は15分なんだぞ。おまけに部長が知りたいことはひとつも押さえてないじゃないか。事前に確認してくれよ、まったく。プリントアウトした時点で気づいたけど、社内にいないし……。もう一度やり直し。明日、また部長に改めて時間をとってもらったから……」

という具合です。

これがピンボケ君の仕事です。もちろん、極端な例です。でも、ピンボケ君の仕事は押さえるべきセンターピンを押さえていませんし、そもそも報告書として相手に満足してもらえるレベルではありませんでした。

フォーカス君の仕事：「映像化」し、パソコンで清書

一方、フォーカス君の場合、まず上司に確認をします。
「明日の何時までにお手元に資料があればいいですか？」
「その際、説明は必要ですか？ 何分くらいですか？」
「いま、3分だけお時間をいただけますか？ できれば、口頭で少しお話しして、資料に盛り込む論点を3つクリアにしておきたいのですが、よろしいでしょうか？」
「部長との打ち合わせのゴールのイメージを教えていただけませんか？ 部長からどんなひと言が出たら、この資料はOKですか。部長が気になさるポイントはどんなところですか？」
「このあと、資料のラフ案を30分でつくりますので、その資料に対するフィードバックをいただきたいのですが、何時でしたらお時間をいただけますか？ お時間は3分ほどで構いませんので」

フォーカス君は、上司に質問をしながら、頭の中で上司と部長との打ち合わせシーン、上司から報告書のフィードバックを受けるシーン、上司が部長に報告する直前に資料の確認をしているシーン、そして自分が紙とペンを取り出して3つの論点と

結論を書き出し、パソコンに向かって清書をするシーンを頭の中で思い描いていきます。

　フォーカス君は、これからつくる報告書で部長が求めている映像を見せることができるのか？ そのためにはどんな「シーン」が必要になるのかを頭の中で想像していったのです。

　このように、仕事が発生したスタート時点で、仕事のゴール地点（この場合は、上司と部長の打ち合わせの終了時点での部長の決断シーン）までの映像、その映像を構成する各シーンを頭の中で思い浮かべることが、「映像化」です。

　あなたの書いた報告書をDVDのトレイに入れたら、そこに書かれた内容を映像として再生してくれるDVDデッキがあったとします。その画面にはどんな映像が浮かび上がるでしょうか。ぼんやりとしたピンボケで断片だらけの映像でしょうか？ 何の映像もない砂嵐でしょうか？ それとも、クッキリ鮮明な映像として内容が再生されるのでしょうか？
「自分の頭で考えろ。想像しろ」とよく言われます。そのときは、「映像化」して、自分の頭の中のスクリーンに映像を思い浮かべるようにしましょう。

　では、次に「映像化」の具体的な方法をご紹介します。

Lesson of the Episode

頭の中で映像を再生するように考え、伝える訓練をする

Check!

- [ ] 「見える化」すればOKと思っている
- [ ] 「図解でわかる」と思っている
- [ ] 文章を書くのが苦手

誰もが共感を抱く物語は
三幕構成でできている

> 人生は、私たち一人一人が、それぞれの目を通して見ている映画です
>
> デニス・ウェイトリー

「映像化」は「物語の三幕構成」でOK

「映像化」とは、頭の中で「物語」をつくることです。こういうと、何か特別なことのように聞こえるかもしれませんが、日常いつもやっていることです。

朝起きて、会社に行って、家に帰って、そして寝る。あなたの今日１日を想像してみましょう。いまどこにいますか？ まわりに何が見えますか？ 朝何を食べましたか？ 会社でどんなことがありましたか？ 今日はこれから何をしますか？ こうしたことは瞬時に頭の中で映像化されたのではないでしょうか。そう、私たちの脳には、「映像」で考える力があります。

そして、よりスムーズに、かつ効果的に映像化するために、ぜひとも知っておきたいことがあります。それは、「物語の三幕構成」です。三幕構成とは、物語の基本の「型」で、「はじめ・中・おわり」の三幕で構成されるというものです。この「型」にあわせて物語をつくると、誰でもスピーディに質の高い物語をつくれるようになります。

1日の物語なら、「朝・昼・晩」。映画なら、「オープニング・メイン・エンディング」で構成されています。たとえば、映画では主人公のさえない人生（現実）から物語がスタートし、主人公がさまざまなシーンを体験して「変化」していき、そして最後には夢のような理想の人生を手に入れてハッピーエンドに終わるという流れが大半です。

「映像化」は「ABC」でカンタン！

「はじめ・中・おわり」という物語の三幕構成をビジネス・シーンに置き換えると、「現実・変化・理想」となります。たとえば、トラブル（問題）が発生したとします。

　　現実＝トラブル（問題）
　　変化＝何らかの解決策のアクションがとられ
　　理想＝トラブル（問題）の解決した理想の状態になる

　これを本書では、次のようにABCという三幕構成で映像化していきます。

　　After（理想）＝夢やビジョン。ゴールが実現した状態
　　Before（現実）＝目の前にある現実の問題や課題
　　Change（変化）＝現実が理想の状態に変わる

　要は、「ビフォー・アフター」でその「変化（チェンジ）」を

映像化するのです。実は、TVから雑誌まで、ほとんどがこの「ABCの構造」で構成されています。たとえば、『大改造!!劇的ビフォーアフター』という番組。この番組はリフォームの「ビフォー・アフター」の変化する様子を映像化したTV番組です。他にも、メイクの「ビフォー・アフター」、ダイエットの「ビフォー・アフター」など、ABCで展開されるTV番組をよく目にします。

たとえば、「会議の質とスピードを上げたい」としましょう。そのとき、「ABC」で映像化すると次のようになります。

After（理想）＝会議が15分で終わり、しかも決まる！会議がスタートして5分、部長が・・・。

Before（現実）＝だらだら、ピンボケ、気の抜けた会議。「えっ、パワポでの説明、まだ終わらないの・・・。これで、何が決まるの・・・。結局、今日も残業か・・・」。

Change（変化）＝ジョブズの「ホワイトボード劇場」を導入！ジョブズのように「パワーポイントは禁止。ホワイトボードで描く」という原理原則を導入し、会議が変わる。

というように、本なので文字で表現してありますが、実際は頭の中に映像を思い浮かべ、ストーリーを展開していきます。

この「ABC」で映像化するのは、ひとりでやるより相棒と掛け合いでやったほうが楽しく、イメージが豊かに広がります。そこで、おすすめの相棒が、ご存知ドラえもんです。次は、誰でも簡単に頭の中で物語を映像化できる"ドラえもんと「ABCトーク」"というメソッドを紹介します。

Lesson of the Episode

ものごとは、「ビフォー・アフター・変化」でとらえるとシンプルになる

第1章（オープニング）　むかしむかし… オギャア！

第2章（メイン）　そして、そして…

第3章（エンディング）　めでたしめでたし　もうしません

Check!

- [ ] 「話が長い」と言われる
- [ ] 状況を「映像でとらえる」という習慣がない
- [ ] 資料をつくると、膨大な量になってしまう

ドラえもんと「ABCトーク」をして物語をつくろう

> 見えないと始まらない。見ようとしないと始まらない
>
> ガリレオ・ガリレイ

ドラえもんと「ABC トーク」

「あんなこといいな できたらいいな 不思議なポッケでかなえてくれる」というドラえもんの主題歌に沿って、ドラえもんの物語を「ABC」で分解してみると、次のような流れになります。

A（夢やゴール）＝あんなこといいな、できたらいいな
B（現実）＝のび太が「ねえ、ドラえもん、ジャイアンが・・・」と困った問題を話すシーン
C（変化）＝ドラえもんの不思議なポッケが叶えてくれる道具（手段）が登場する

たとえば、プレゼン。

クライアント先のお弁当屋さんが売り上げ低下で悩んでいるとします。そこであなたがプレゼンテーションをすることになりました。

ドラえもんと「ABC トーク」してみましょう。

頭の中で、ドラえもんと掛け合いをします。

まずはA地点について映像化します。

クライアント先が困っている状況がクリアになり、理想の状態になるとしたら、そこにはどんな光景が現れるのかを想像して映像化していきます。

壁に貼りだされた売上のグラフがグングンのびていき、スタッフも「売れすぎて困っちゃいますよ」とうれしい悲鳴をあげています。社長も満面の笑みで、あなたに語りかけてくれます。

ドラえもんのシーンだと、ちょうどのび太の頭の上に吹き出しが出て、自分がヒーローになっているような妄想をしているのと同じです。

次に、B地点。

「ねぇ、ドラえもん。クライアントのお弁当屋さんが今ね・・・」とクライアント先の困っている状況を、映像化していきます。

ドラえもんのシーンだと、のび太がドラえもんに道具をおねだりするとき、頭の上の吹き出しで困っていることを思い浮かべながら相談するのと同じように、クライアント先の困っている状況を映像化していきます。

最後はC地点。

C（変化）では、なぜB地点にいたクライアントがA地点

へ行けたのか。その解決策を導きます。
　のび太が「ねぇ、ドラえもん。なんとかして！」と頼み込んで、ドラえもんが「しょうがないな〜」と言いながら、ポケットからとりだしてくれる「道具（解決策）」のように、クライアントの問題を解決していきます。

　ここまで説明してきたように、「仕事のGPS」のスタート地点であるG（目標）を正しくセットするには、

・わかりやすい目標にする
・目標を共有できるように映像化する
・映像化は「ドラえもんとABCトーク」

という3つを押さえておきましょう。
　では、次にGPSのPについて見ていきます。

Lesson of the Episode

物語をつくるときは、ドラえもんに相談しよう

A:夢
B:現実
C:変化

はいっ 解決策ぅ〜
ぼくのどらえもん〜

Check!

- [ ] 覚えるのが苦手
- [ ] 伝えたことが間違って伝わってしまうことがある
- [ ] たとえ話をするのが下手

目標を達成するためには「ALWAYS 3点ルール」で捨てまくれ！

> 我々にできるのは3つまでだ
> スティーブ・ジョブズ

「引き算」で捨てる！

「仕事のGPS」の目標設定が終わったら、つぎはP（ポイント）です。

ここで大切になるのが「引き算」です。第2章で、引き算の重要さについては一度説明しましたが、「仕事のGPS」における「捨てる」ことの重要性について、もう少し詳しく見てみましょう。

「仕事のGPS」でゴールを設定するとき、「映像化」に慣れてくると、頭の中でいくつかの映像がパラレルに動きだします。そして、一瞬、「あっ、これだ！」という1シーンにピントがあいます。そのとき、その1シーン以外の他のすべての可能性を捨てて、重要なことだけを残すのが「引き算」です。

映画でいえば、撮影した映像フィルムのほとんどを捨てて、1本の映画にしていく作業です。「引き算」をすることで、そこにはあなたが主演を演じる1本の映画（物語）の台本ができ

あがるのです。

ジョブズの「3点ルール」

　ジョブズは、話をいつも「3つにまとめる」ことでよく知られていました。有名なスタンフォード大学でのスピーチも「今日は、みなさんに3つのことをお話ししたいと思います」という冒頭のひと言からはじまりました。アップル・ストア誕生秘話も「3」。「今日は革命的な商品を3つ紹介する」からはじまったマックワールドでの講演も「3」。ジョブズは、判を押したように話をいつも「3」でまとめています。
「我々にできるのは3つまでだ」。これは、トップクラスの社員を集めて毎年行っていた研修会「ザ・トップ100」でジョブズが言ったひと言です。

　その研修会では毎回、最後にジョブズがホワイトボードの前に立つのがお決まりで、その日もジョブズがメンバーに「我々が今後すべきことを10あげてくれ」と呼びかけ、次々出てくる提案を書きとめていきました。そして、ばからしいと思ったものには取り消し線を引いていきます。しばらくやり取りをつづけると、10個の項目が書かれたリストが完成します。ここでジョブズは下の7つに斜線を引いて、こう宣言するのでした。「我々にできるのは3つまでだ」と。

ALWAYS 3点ルール

　P&Gの「報告書のポイントは3点で」も、マッキンゼーの

思考モデル「ピラミッド・ストラクチャー」も、ポイントは3点でまとめる型になっています。また、米国のビジネススクールでは「すべてを3つにまとめて伝えろ」と教えられます。

明治大学教授の齋藤孝さんは、ご自身が思考をまとめたり、執筆をしたりするときは、「3の法則」にしたがっていると言います。

一流の人、一流の会社ほど「ALWAYS 3点ルール」。

あれもこれもと、ムダな時間を過ごすことなく、まずはじめに「3」ありきで、やるべきこと、伝えるべきことにフォーカスしましょう。

話は、いつも「3」ではじめる。「お伝えしたいことは3つあります」と言ってから話し出す。

いつも「3」なら、あれもこれも、詰め込んだ資料をつくることがなくなります。いつも「3」なら、報告書からプレゼンまで、迷うことなく伝えるべきことを「3」でフォーカスすることができます。いつも「3」で伝えることができれば、上司やクライアントから「あなたのプレゼンは、ほんとわかりやすいね」と評価されるようになります。

「仕事のGPS」のP、ポイントは3つです。もう一度、ジョブズの言葉を思い出してください。「我々にできるのは3つまでだ」。目標達成のために押さえるべきポイントが多すぎては、結局、何をしていいかわからなくなってしまいます。

Lesson of the Episode

「ALWAYS 3点ルール」を鉄則にする

ALWAYS 3点ルール

iPodには画期的なポイントが3つある

つまりこの3つだ

今日は3つの話をします

Check!

- [ ] 話がわかりづらいと言われる
- [ ] 簡潔にまとめて話すのが苦手
- [ ] あれもこれも資料に盛り込みたくなる

捨てられない人のための「ザ・ベスト10方式」

> フォーカスはシンプルでなければならない
>
> アル・ライズ

池上彰さんと「ザ・ベスト10」でフォーカスする

　池上彰さんと言えば、「難しいことをわかりやすく解説してくれる」ことで有名です。たとえば、年末の特番「池上彰が2013年のニュースを徹底解説」というようなタイトルの番組で、2013年を徹底解説するとします。
「みなさんは、今年どんなニュースが気になりましたか？」
「こちらに、今年の10大ニュースということでまとめてみました。……いかがですか、あっ、そういえばそんなニュースがあったなと思われたのではないでしょうか。この10大ニュースには、実は意外な共通点が3つあるんですよ。それは、いったいどういうことなのか？」

　というように、1年間に報道された膨大な数のニュースの中から10大ニュースを抽出し、3つのポイントで整理する。この手法は、池上さんに限らず、お茶の間の人に「わかりやすく」物事を伝えるTV番組のフォーマット（型）です。

　このフォーマットをビジネス・シーンに使うのが「ザ・ベスト10方式」です。たとえば、週報も「今週の10大ニュース

は・・・」「今週のポイントは3つ・・・」「今週の1ゴールは・・・」という具合に、いつでもMax10 ⇒ ポイント3 ⇒ 1ゴールのワンパターンですべてうまくいきます。

ピタゴラスが「万物の根源は数である」と言ったように、一見複雑に見えることでも、その根っこはシンプルな数で表現することができます。1・3・10の「数字」という明確な基準が登場することで、すっきりシンプルに「引き算」することができるようになります。

・重要なことは「1」個にする
・ポイントは「3」でまとめる
・ステップは「10」まで

すでに、3ポイントについては「ジョブズの3点ルール」で見てきました。1ゴールについても、エステー化学の鈴木社長の「1/60個」、ジョブズの「1行搾り」などで見てきたので、ここではMax10についてお話ししておきます。

Max10と「GPSの構造」

あれもこれも詰め込もうという「足し算」の考え方は、1次選考者数を決めていない採用試験のようなものです。

「あの人もいい、この人もいい」と採りたい人を足し算していては、いつまでたっても採用の選考はできません。

「書類の1次選考で100人に絞り込む」と、上限となる「数字の枠」を決めてあるからこそ、選考をスムーズに行うことができるのです。

情報や思考も「数字の枠」があるとフォーカスすることができます。

　10大ニュース、10か条、10大シーンというように、私たちは「10という数字」＝「大」＝ Max（いっぱい）という認識を持っています。

　そこで Max10。どれだけ情報があっても、検討すべき最大数は「10」にします。

　たとえば、会議や資料作成の出発点で「Max10 あげる」と決めてしまうことです。そして、1から10の数字をまず書き出し、書き出した数字のヨコに情報や思考を書き出して、それ以上は書かないようにします。

　会議などで、書記の人がひたすら"箇条書き"で書き出していく光景を目にしますが、それでは情報や思考が「足し算」されてしまいます。大切なのは「引き算」です。スタート地点で Max10 という「数字の枠」をセットしましょう。

　膨大な情報の中からまず10大シーン、そして3つのポイントへ、そして最後に最重要な1個にフォーカスしていきます。

　GからP、PからSという、これまで見てきた流れとは逆になりますが、ステップが多すぎてしまう場合は、「ザ・ベスト10方式」を使って、Max10にしぼると「仕事のGPS」はよりシンプルになります。

Lesson of the Episode

はじめに
「数字の枠」を決めて、
フォーカスする

> いいところに気づかれましたね

Check!

- [ ] 要点だけを伝えるのが苦手
- [ ] ものごとをなかなか決められない
- [ ] 明確な基準をもっていない

エジソンの1％のひらめきを結果に結びつける鍵。それは「紙に書いて守る」

> チェック・リストなんて興味ないと思っていたのに、
> ……私の物事の考え方を一変させてしまった
> 　　　『ヤバい経済学』のスティーヴン・D・レヴィット教授

紙に書いて守る

　フォーカスするために、「一番カンタンだけど、なぜか一番できないこと」。それは「紙に書いて守る」という一点です。一流の人ほど「紙に書いて守る」ことを実践しています。

　ワタミの渡邉美樹会長は胸ポケットにハガキ大の紙を忍ばせておいて、1回10分、1日3回、確認をすると言います。何が書いてあるのか。「日付を入れた夢」がそこに書かれています。

　東レ経営研究所特別顧問の佐々木常夫さんは「残業ゼロ」のためにやるべきことを必ず「紙に書いて守る」ことを徹底されています。なぜ「紙に書いて守る」のか。大きく分けて2つの理由があります。

　それは、「人間は忘れる生き物」であるということです。

　どんどん新しい情報にさらされていればいるほど、脳は自分にとって本当に大切なもの、今やるべきことを忘れてしまいま

す。そのため、「そもそも、何をしようとしたのだろう？」と現在地点を見失うことがあります。

　つづいて、「人間は弱い生き物」であるということ。人間は「気分の誘惑」や「不安の勧誘」に流されてしまうからです。

　いろんなことに目移りをして手を出す。あれもこれも不安になり手がける。こうした分散を避け、覚悟を行動にするために欠かせないのが「紙に書いて守る」ということです。

　年初に立てた計画が計画倒れになる3大理由は「忘れる」「見ない」「消える」からです。つまり、一流の人が実践するように「紙に書いて持ち歩く」「紙に書いて守る」ことを一番大切な習慣にしたらいいのです。

鍵をにぎるのは「リスト」

　ハーバード大学医科大学院のアトゥール・ガワンデ博士は、著書『アナタはなぜチェックリストを使わないのか？』のなかで、高度に専門化した仕事ほど「チェック・リスト」で確認することが重要と言います。それは、「知識の量と複雑性は、一個人が安全かつ効果的に運用できるレベルを超えてしまったから」という理由からです。

　たとえば、ICU（緊急治療室）では178の手順を毎日正しく行う必要があります。そして、毎年5000万人以上の手術が行われ、15万人が手術の後に亡くなる。これはアメリカの交通事故の死亡者数の3倍を上回る数値です。こうしたなか、ジョンズ・ホプキンス病院では、チェックリストを使うことで、感

染率が11%から0%になりました。それは200万ドルの経費削減にあたるとされました。ガワンデ博士は、良いチェック・リストの条件として「紙1枚」「シンプルな文章」「カンタンに使える」ことをあげています。それにはチェック・リストの数は5個から9個にしておくとよいのだそうです。

　毎年数百万人が訪れる世界的なクリエイター向けプラットフォーム「ベハンス・ネットワーク」を率い、シンクタンク「99％会議」の創設者でもあるスコット・ベルスキは「クリエイターがよく使う無地ノートなどの道具は、問題を悪化させるだけです」と言い、アクション・ステップという「アイデアを行動に落とし、リスト化する」メソッドで、クリエイターの生産性の向上をサポートしています。

　アクション・ステップがクリエイターの生産性の向上に貢献する理由は、エジソンの「1％のひらめきと99％の努力」という、ひらめきを結果につなげる方法を「紙に書き出し守る」ということで実現したからです。

　アクション・ステップは、世界中のクリエイターたちが実践し、「1％のひらめき」を「99％のアクション」につなげる架け橋となっています。そして、そのアクション・ステップが「ハガキサイズの紙1枚のTo Doリスト」なのです。

「仕事のGPS」の「S＝ステップ」

「To Doリストの考え方と作り方を教えています」
　と私が言うと、多くの人は「えっ、なんでそんなことをする

の?」「そんなの研修になるの?」「誰だってできていることだよ」と言います。キッカケは、あるメーカーの人事担当者からの問い合わせでした。
「ロジカルシンキングや計画術の研修をしているのですが、考えたことを実際の行動に落とし込んだり、計画したことを具体的な手順へ展開したりするのに、みんな苦労しています」

　試しに実験してみましょう。あなたの手元に今週やることのTo Doリストはありますか。そのTo Doリストにある1つの項目を3秒ながめてください。いかがですか? その1行からやるべきことがクッキリと頭の中に映像化されましたか。

　もし、やるべきことの映像がピンボケなら、書き出したリストを見てもスムーズに行動できない可能性があります。

　To Doリストで仕事は変わります。

　もしあなたが上司でしたら、部下の方がTo Doリストをきちんとつくれるようになるまで訓練してあげてください。部下のTo Doリストのデキが、あなたのチームの仕事の生産性を変えてくれます。アップルのエバンジェリスト(伝道師)であったガイ・カワサキは、「リストを作れば、目標をさらに体系化することができる」と言っています。

　To Doリストは「主語+動詞」で書き、その1文で何をするのかが頭の中で映像化できるかがポイントとなります。
「仕事のGPS」のS。To Doリストに落とし込み、「紙に書いて守る」ことで、「気分の誘惑」「不安の勧誘」をシャットアウトしましょう。

Lesson of the Episode

「紙に書いて守る」ことを習慣にする

1％のひらめきと99％のリスト

Check!

- [ ] 今日やるべきことができない日がある
- [ ] 「今週何したんだけっけ」と考えることがある
- [ ] 書き出したリストが放置されたまま

第4章

1億円稼ぐ人の
仕事の習慣

ビジョナリーな未来と
冷めない情熱の関係

> 人が追求せずにはいられない、第三の幸福の形がある。それは意義の追求だ。自分の最も得意とすることを知り、それを自分より大きな何かのために活かすことだ
>
> マーティン・E・P・セリグマン

幸せは不変ではない

　映画『ALWAYS 三丁目の夕日 '64』の中で、三浦友和扮する医師が「幸せって、なんでしょうな……」とつぶやくシーンがあります。高度経済成長へ向けて日本が一気にメインストリームへ躍り出る1964年をモチーフにした物語の一幕です。
「幸せ」を定義することはできません。なぜなら、フォーカスする対象によって幸せは変わってしまうからです。
「幸せ＝お金」である人もいますし、「幸せ＝円満な家庭生活」とする人もいますし、「幸せ＝業績」とする人もいるでしょう。

　ですから、フォーカスする対象を変えることで、幸せをグッと自分に引き寄せることができるはずです。

フォーカスと「冷めない情熱」

　なぜジョブズやイチローや石川遼をはじめとした一流の人た

ちは、フォーカスすることができるのでしょうか。

答えはひとつ。「冷めない情熱」があるからです。

将棋の羽生善治さんは江戸時代の作品集にのっている200題の詰め将棋に取り組みました。その200題を全部クリアするのにかけた期間は6、7年だそうです。

「この難解な200題を何年もかけて解く情熱や熱意が僕にはある。この将棋への思いがあるからにはプロになれるはずだ」と確信したそうです。

伝説の都市トロイアを発掘したハイリッヒ・シュリーマンも、幼い頃に聞いたギリシャ神話の感動が忘れられなかったからこそ、度重なる困難を乗り越えることができたと言います。

自分が心の底からやりたいことを実現するために必要な基本については、過剰な近道をしないことです。地道にコツコツやらないと、その道を極めていくための地盤がつくられませんし、何よりも一生やっていく情熱が本当にあるかどうかも知ることができません。

ジム・コリンズの「3つの円」と「人生の羅針盤」

ジム・コリンズは著書『ビジョナリー・カンパニー2』で紹介した「ハリネズミの概念 3つの円」（91ページのイラスト参照）というものを使い、人生でフォーカスすべき場所を見つける3つの質問を投げかけています。

① あなたは、何に深く情熱を注げますか？

② あなたにとって、最高の仕事は何ですか？
③ あなたは何で生活の糧を得ますか？

　この3つの質問（円）の重なるまん中のところ、つまりこの3つのバランスがとれているところに、あなたがフォーカスすべき人生があると言います。

　今のあなたはどうでしょうか。③の「生活の糧」に重心が偏りすぎていませんか？　生活が保証されるだけの収入がなければ夢なんて追えないし、幸せになんてなれないと思ってはいませんか？

　お金が十分になくても充実した生活を送ることはできます。

　喜劇王チャップリンは「人生に必要なものは何か」という問いにこう答えています。「夢と勇気とサム・マネー」と。お金はサム（some）＝ちょっとだけ、でいいのです。

All Need is「夢とGPSと冷めない情熱」

　あなたが心の底から情熱を注げる仕事にフォーカスすることは、クリエイティブな仕事が求められるこれからの時代、必須課題となりそうです。時間を切り売りすればそれなりの給料がもらえるなんてことはありません。

　だからこそ、今一番時間を注いでいることと情熱とが一致しているかどうか、見つめ直してほしいのです。

Lesson of the Episode

あなたのホットスポットに冷めない情熱を注げているか

Check!

- [ ] 何ごとも「とりあえず」でやる
- [ ] 情熱よりも理屈が先に来てしまう
- [ ] 自分の本当にやりたいことがわからない

佐藤可士和の「3秒」と年収1億円稼ぐ人の「初日のミーティング」

> 今日という日は「残りの人生の初日」です
> 　　　　　　　　　　　　　　　ボビー・バレンタイン

初日にゴールまでの地図を書く

　大きなプロジェクトのスタートや、広告業界でのCM企画の最初のプレゼンの機会のことをファースト・プレゼンといいます。ジョブズにとって、ファースト・プレゼンは特別な儀式のようなものでした。ジョブズの「1行」の物語の多くは、ファースト・プレゼンのときに紡ぎ出されています。

　私は、これまで7人の年収1億円稼ぐ方と仕事をしてきましたが、「年収1億円稼ぐ人の時間の使い方で特徴的な点を1つだけあげろ」と聞かれたら、私は迷わず「年収1億円稼ぐ人は初日にフォーカスする」と答えます。年収1億円稼ぐ人は、「仕事の成功は初日で決まる！」と考えているのです。

　スペースシャトルは発射後の初速にそのエネルギーのすべてを注ぎ込み大気圏を突破します。大気圏を突破できるか否かが大事で、それを越えてしまえばあとは地球の引力に任せてしまいます。ほぼ自動です。

年収1億円稼ぐ彼らの仕事もスペースシャトルと同じです。初速である程度の勢いを出すことができれば、仕事は自動的に進んでいくことを知っているのです。

はじめの5分

私のある知り合いが、通販会社でお客様のメールでのクレームに対応するアルバイトをしていました。はじめのうちは、ひたすらパソコンと向き合ってどう返信しようかと奮闘していました。一人のお客様と何往復もやりとりしなければならないこともあったそうです。

しかし、あるときから「考える時間を5分つくる」ことで、1回のメールで済むようになったそうです。はじめの5分でGPSを考えることで、お客様のクレームの主旨と適切な対応にピントをしっかりと合わせられるようになったのです。

他にも「はじめ」を大切にしている人は多くいます。たとえば、どんなプロジェクトでも初日はホテルにこもり、食事もとることなくメールから打ち合わせまで、通常業務をすべてシャットアウトし、期日までの段取りをすべて終わらせてしまう投資家もいます。

また、元旦に1人社長室で1年間の計画をシミュレーションする大手エステチェーンのトップの方も、「初日で9割決まる」と言っていました。

「はじめの5分」の質で、その後の仕事の質がまったく変わったものになるのです。「はじめ」の質が悪いと、方針転換をし

ようとしてもなかなか難しいですし、うまく方針転換できたとしても、それまでの時間はムダに終わってしまってしまうことも考えられます。

佐藤可士和の「3秒でビックロ」

ユニクロの柳井社長からアートディレクターの佐藤可士和さんに、「今度、新宿のビックカメラの巨大フロアに出店するんだけど、佐藤さん、店名を考えて」と振られた3秒後に、佐藤可士和さんの口から「じゃあ、ビックロでしょ」という言葉が飛び出しました。

この「ビックロ」の4文字に、柳井社長は膝を打ち即決したそうです。3秒の決断で大型プロジェクトが動き出しました。店名は「ビックロ」、そのコンセプトに基づきその場でプロジェクトチームが即編成され、必要な段取りが瞬時にとられ、一気に「ビックロ」オープンに向けて動き出しました。その誕生は「3秒の衝撃」でした。

仕事のできる人は、スタートを決める速さもダントツです。

自分の仕事の進め方を振り返ってみてください。良いスタートダッシュを切ることができているでしょうか。スタートに膨大な時間がかかってしまってはいないでしょうか。

ものごとははじめにフォーカスする。出発点で「仕事のGPS」をきちっとセットする。そこから早くて質の高い仕事は生まれます。

Lesson of the Episode

「初日」「初速」に エネルギーを集中する

Check!

- [ ] 「仕事は初速が命」という意識がない
- [ ] 手抜きをするのが下手
- [ ] 何も考えずに仕事にとりかかる

「気分屋」の不安定な「遅くて質の低い仕事」、「規律屋」の安定した「早くて質の高い仕事」

> どんなに素晴らしいビジョンや戦略、ノウハウがあっても、正しく自分をコントロールする方法と意志力がなければ、成功はおぼつかない
> ケリー・マクゴニガル『スタンフォードの自分を変える教室』

「ウサギ」に学ぶ気分の愚かさ

ウサギとカメの話は誰もが知っていると思います。

ウサギは気分屋。レースの途中で畑に入ってにんじんをかじったり、しまいには畑で寝込んでしまったりと、気ままな行動をとります。能力で勝っていたウサギがレースに勝てなかった敗因は「気分」の誘惑に勝てなかったことです。

一方、カメは規律屋。スタートから、淡々とした足取りで一歩一歩前進し、ゴールへ到着します。

書類をまとめ終わらないうちに、気分転換にメールチェックなど他のことをやってみたりと、あちこちに手を伸ばしてしまうタイプの人は、ウサギのような気分屋です。

ピンボケな仕事を生む最大の敵は「感情」といっても過言で

はありません。感情をうまくコントロールできるかどうか。仕事の成功、ひいては人生の成功はこれにつきるのではないでしょうか。その感情の要因のひとつが「気分」です。

気分の誘惑に勝てない人は仕事にかぎらず、英語、ダイエット、運動、勉強、そして人生においても、なかなか目標を達成することができません。

……とここであらためて言わなくても、気分屋の人たちは「気分に振り回されていることはわかっている。それでもやめられないんだ」というでしょう。

なぜわかっているのに、やめられないのでしょうか。

それは、変わろうと決心することに満足してしまうからです。しかし、本当に変わるためには相当な労力が必要です。

人間は習慣の生き物です。「気分」に流され、1回楽することを知ってしまうと、そこから抜け出すのはかなり難しいことです。そうして変わることをあきらめてしまっては、また決心し、またあきらめては決心する……これを繰り返して、結局気分に打ち勝てずにいるのです。

もうひとつの感情、「不安」

気分同様、仕事のピントを外してしまう要因のもうひとつが「不安」です。

恐怖で足元がすくむ、という言葉があります。恐怖が姿形をかえて私たちの目の前に現れるのが「不安」です。

不安になってあれもこれもと手を出し、余計なことばかりし

てしまいます。不安だから、失敗にそなえて前もって言い訳を考えてしまったりもします。不安だから、虎の威を借りて自分を大きく見せようとしてしまいます。すべてピンボケな作業です。

では、そもそもなぜ人は不安になるのでしょうか。

それは、「わからないから」です。プレゼンの前に不安からとても緊張してしまうことがあるのも、うまくいくかどうか「わからないから」。初対面の人と会うときに不安からおどおどしてしまうのも、相手がどんな人か「わからないから」。ふたを開けてしまえば「幽霊の正体見たり枯れ尾花」なんてことが大半なのですが、なんにせよわからないことが不安の正体です。

気分と不安に打ち勝つために

仕事をピンボケさせる原因である気分と不安を克服するのにも、本書でお伝えしてきた「仕事のGPS」が役に立ちます。

変わろうと決心したら、その勢いですかさず「仕事のGPS」をつくってみてください。そうすればあとはそれに沿って仕事をするだけです。つくった規律通りに仕事をすれば気分に流されにくくなりますし、ゴールとそれにいたるまでのプロセスが見えるようになるので、「わからない」不安におびやかされることもなくなります。

仕事の質もスピードも、一段階、いや二段階、三段階と一気にレベルアップするはずです。

Lesson of the Episode

「気分の誘惑」
「不安の勧誘」に
負けないで

Check!

- [ ] 「なんとなく」が口グセ
- [ ] 気分が乗らないと仕事がはかどらない
- [ ] 「ま、いいか」ということが度々ある

気分ワードでモヤっと仕事、事実ワードでパキっと仕事

> 人は自分が気分に支配されていることに気づかない。だから、突然人生がしんどくなったりするのだ
>
> リチャード・カールソン

「気分ワード」がフォーカスのレンズを曇らせる

　仕事にムダが発生してしまう場合には、必ずある予兆があります。それは、そこに「気分ワード」があるということです。誘惑に惑わされて流されてしまい、なんとなくわかっているつもりで仕事を進めてしまっています。

　わかりやすい例で言えば、「とりあえず」。

　居酒屋に行くと「とりあえずビール」って言ってしまいますよね。これと同じような感覚で職場でも「とりあえず資料つくってみました」「とりあえず今日の会議はこのへんで」「とりあえず明日でもいいかな」と、さまざまな場面で頻繁に使ってはいないでしょうか。

　必要なのは、これから本格的にプロジェクトを進行させていこうというときに、方針をまとめるための資料であり、自分の主張を裏付けさせるためのデータをまとめた資料です。何のためのものなのかわからない「とりあえずつくってみた」資料なんて必要ありません。

「とりあえず」という言葉は目的をあいまいにしてしまう、危険な気分ワードなのです。

「なんとなく」という言葉もあからさまにダメな言葉ですね。

「ひとまず」なんかも目的がはっきりしていないまま、何かしら行動しないと体裁が整わないから……そんな気持ちが伺えます。

日本人の場合、特に気分ワードの扱いに注意が必要です。なぜなら、日本人はあうんの呼吸を重んじ、論理的に筋が通っていなくても、わかったつもりで納得してしまうことに慣れっこだからです（もちろん、本当に以心伝心を重んじる文化そのものはすばらしいものですが）。

その場の気分に論理が負けるようになると、進むべき仕事が、なぜか後退するようになってしまいます。

わかったつもりになれる、カタカナ語と専門用語

気をつけるべきなのは、あいまいな日本語だけではありません。多くのビジネスマンがなんの抵抗もなく使っている、カタカナ語やビジネス専門用語にも注意が必要です。

プライオリティ、マーケティング、イシュー、ゼロベース、イノベーション、選択と集中、アメーバ経営、PDPC法、などなど。

こういった言葉を使ったときに、前章でお伝えした「映像化」ができているでしょうか。難しい言葉を使うことに満足してしまってはいませんか。

社会構成学の世界に「言葉が世界をつくる」という考え方があります。これは簡単にいうと、「職場、家族、友人関係といったコミュニティを構成する人たちが、その場でどんな言葉を使ってコミュニケーションをしているかで、そこにつくられる世界が変わる」ということです。

　気分ワードが日常にあふれるほど、フォーカスのレンズは曇り、ピンボケな仕事が生まれます。

まずは気づくこと

　ピンボケな仕事からフォーカスされた仕事へシフトするために必要なのは、言葉を変えることです。気分ワードを事実に基づいた「リアルワード」に変えればいいだけです。

　そのためにはまず、自分が気分ワードを口にしてしまっていること、口にしていなくても気分ワードでものごとを考えてしまっていることに気づかなくてはなりません。人が変われないのは、気づかないからです。これまで無意識に使ってきた気分ワードに気づいて、行動を変えれば人は変われます。

　しかし、この最初の一歩が非常に難しいのです。前項でもお話ししましたが、人間は習慣に弱い生き物です。慣れてしまった気分ワードに気づくためには、常に意識しておく必要があります。

気分ワードは「事実」「動詞」に置き換える

　気分ワードに気づいたら、その気分ワードが何を意味してい

るのかを想像し、頭の中で映像化してみます。しっくりくる映像になるまで徹底的にイメージしてみてください。

　自分が気分ワードを使ってしまっていたり、周りの人が気分ワードを使ってしまっていたら、その部分に集中して「具体的にどういうこと？」とつっこんでいくようにしましょう。

　映像化でイメージできたら、次はその映像を事実と動詞で置き換えます。なるべくシンプルかつわかりやすく、具体性がともなったキャッチコピーをつくるような感覚で置き換えるよう意識してください。

　下の表は、いくつかの気分ワードを事実ワードに置き換えた例です。

気分ワード	事実ワード
CS（顧客満足）	お客さんの欲しいものを手渡す
モチベーション	気分でなく規律にもとづき行動する
選択と集中	9割捨てる。1個だけやる
文章スキルのアップ	毎朝2時間、スタバで原稿用紙（5枚分）の文章を書く
見える化	5W1Hで映像化する
徹底する	7月30日までに、1日のパソコン使用時間を現在の5時間から3時間に減らす
一生懸命がんばる	毎朝7時「今日やるべき10のこと」を書き出し、夜8時までにすべてやりきる
企画	「映画の予告編」をつくる

事実で置き換えることは、ビジネスにおいては非常に大事なことです。コンサルティング会社では、「これは事実に基づいて考えたのか？」「事実は何だ？」という議論がよくされます。
　ビジネスで価値あるのは事実だけです。事実に基づいて考える。これは仕事の上での基本となります。
　また日本批判になってしまいますが、日本人はなぜか「事実」に基づいて考えることができません。
『二重らせん』の著者ジェームス・ワトソンは、「教育の目的とは、事実に基づいて考えることができる力を身につけさせてあげること」と言っていますが、どうも日本の学校教育の現場、あるいは企業の現場では、事実に基づいて考えるトレーニングが行われていないのが現実です。
　動詞で考えることで、映像的にものごとを考えることができるようになります。世界最高のデザイン・ファームと呼ばれるIDEO社のトム・ケリーも、「『名詞』でなく、『動詞』で考えろ」と言っています。
　紙の上に「考え」を「動詞」で書けば、それをひと目見ただけで、すぐにどんな行動をすればいいのかがわかります。
　ピンボケな仕事は、事実不在から生まれます。ピンボケしたらフォーカスするように意識し、GPSの構造を念頭において、日頃から事実に基づき考える習慣をつけましょう。
　こうやって「気分ワード」の「事実ワード」への置き換えを習慣化することで、映像化する力、その映像を言葉に置き換える力もつき、仕事の質とスピードがアップしていくはずです。

Lesson of the Episode

気分ワードは、「事実」「動詞」で置き換えよう

Check!

- [ ] 決めたことが行動に移せない
- [ ] 「とりあえず」とよく言ってしまう
- [ ] 「なんとなく」で済ませている

第4章 1億稼ぐ人の仕事の習慣

アインシュタインも実践!?
語尾の「2文字」で
仮説思考に変わる

> 「かもしれない（Maybe）」以上にすばらしいものはない
> のだ
>
> 　　　　　　　　　　　　　　　　『誰が世界を変えるのか』より

「仮説思考」はセンス？ それとも・・・

　とある外資系コンサルティング会社の役員を務め、世界中の経営コンサルタントの育成プログラムを手がけた方はこうおっしゃっていました。
「ロジカルシンキングは、きちんとトレーニングをすればしただけの能力が身につく。でも、トレーニングによって仮説思考を身につけさせるのは難しかった。仮説思考はセンスだからな」
　たしかに、できるコンサルタントは「1つの仮説」から業績向上の扉を開けていきます。質の高い仮説を立てるセンスがあるかどうか、それがコンサルタントの成果の差をもたらす。そう思っていました。
　しかしその1年後、あるクリエイティブ・ディレクターと仕事をするようになって、その考え方は一変します。「仮説思考

はセンスでなく"口グセ"だ」と思うようになったのです。
「誰でも、ある口グセを習慣化すれば、仮説脳になれる」と実感したのでした。

語尾に「〜かな？」をつけるだけで頭が動き出す

そのクリエイティブ・ディレクターの口グセは、語尾に「かな？」という「2文字」を入れることでした。

たとえば、あるファースト・フード店の新規業態の開発の依頼を受け、既存店舗を訪れた際のこと。お店に到着すると、店舗を見渡し、さっそく「〜かな？」でいろんな仮説を繰り出していきます。

「何でお客さんが入っていないのかな？」
「店員さんのあいさつが元気ないせいかな？」
「なんで元気ないのかな？」
「訓練受けてないのかな？」
「ゆとりがないのかな？」
「採用されて間もないのかな？」
「いや待てよ、サービスよりも入口の看板が原因かな？」
「時間帯ごとのメニューの表示がわかりにくいせいかな？」

という具合に、延々に「かな？」を起点に思考が展開していきます。

このように、「お客さん目線」で「〜かな？」をひたすら繰り返しつづけます。すると、マシンガンのように10分で100個も仮説が飛び出してきました。

「この人の頭は、いつも語尾に『〜かな?』がついているんだな」と感心しながら、その話に耳を傾けていました。いつも、どんなときでも語尾に「〜かな?」のワンパターンです。これを繰り返し繰り返し口に出しては、まるで打ち出の小槌のようにアイデアを出していきます。

「質問を投げかけると答えを早く見つけようとして、脳が活発になるらしい」、そんな話を思い出しました。

この口グセで仮説思考の流れを書き起こしてみると、

① 体験する、見聞きする
② 感じる（共感、違和感）
③ 仮説を立てる
④ 映像化する
⑤ ③と④の繰り返し

となります。目にして感じたことから頭の中で映画の風景が瞬時に切り替わるように映像化思考が展開していきます。すると脳が高速ではたらき、問題解決スピードが格段に上がります。結果、仕事の質が高まります。

アインシュタインも実践していた思考法

「〜かな?」という口グセのことは、仮説思考の本にも出てきませんし、コンサルティング会社で教わったこともありません。でも、これなら、誰でも、簡単に、実践的な、仮説思考ができるようになります。

でも、これって実は子どもが普通にやっていることでもあり

ます。

　そのクリエイティブ・ディレクターはよく「小学生みたいでしょ。でもいい仮説でしょ」と言っていました。その方は、仮説思考の研修を受けたことはありませんし、あまり本も読みません。

　でも、小学生のころ、普通にやっていたように頭の中に浮かんでくる「？（クエスチョン・マーク）」を起点に、次から次へと仮説を出していきます。

　アインシュタインは言いました。「私の成功の秘訣が1つだけあるとすれば、ずっと子どもの心のままでいたことです」と。

　ものを考えるのに特別なスキルという鎧を身につけなくても、子どものころから普通にやってきた「〜かな？」という語尾を使い、日ごろ目にするできごとに触れた瞬間に、心の中にわきあがる「なんでかな？」という気持ちを起点に、頭の中で仮説を展開していけばいいのです。

「〜かな？」は脳の筋トレ、訓練でもあります。大人になって自転車を乗っていなくても、久しぶりに自転車に乗るときに難なく乗れてしまうように、「かな？」という語尾を使い、なまってしまった脳みそを少しずつ慣らしていってください。

　仮説思考は研修では鍛えられないけど、日常の中で鍛えられます。たとえば、日常で「イラッ」きた瞬間。先日、銀座の高級喫茶店を訪れたときのことでした。内装も素晴らしく料理も珈琲も最高。でも、私のテーブルを担当した20代前半の女性

の店員さんのサービスが「イラッ」とするものでした。そこで、「〜かな？」の登場です。

「他の店員さんのサービスレベルも低いのかな？」「問題ないかな？」「では、なんで、あの店員さんに限ってイラッときたのだろう？」……「あっ、『ごゆっくりどうぞ』のひと言がまるでロボットのように機械的だったからかな？」「なんで機械的なのかな？」「マニュアルで決められたことしかできないからかな？」「そもそもマニュアルはあるのかな？」「高級喫茶店チェーンだからありそうかな？」「マニュアルはあるとして……では、教育が十分でないのかな？」「誰が、教育するのかな？」「あの一人だけ別の制服を着た30代のキビキビした女性かな？」……「そもそも、なんで採用されたのかな？」……「でも、この20代の店員さん。毎日、こんな機械的に仕事をしていたらしんどいんじゃないかな？」「仕事だけでなく、人生もしんどいかな？」・・・。

という具合に、「〜かな？」を繰り返していくうちに、私の中で「『ごゆっくりどうぞ』のひと言にフォーカスする。『ごゆっくりどうぞ』のひと言に、スタッフのしんどさ度、お店のリピート率が透けて見えてくる」という仮説が生まれました。

仮説は「〜かな？」の口グセから生まれます。語尾に「かな？」の2文字をつけて考えるようになるだけで、あなたの仮説の展開スピードと質がアップしていきます。そして、あなたが繰り広げる仮説の展開にまわりも一目おくはずです。

Lesson of the Episode

「かな？（Maybe）」なら、誰でもすぐに仮説思考

Check!

- [ ] そういえば、「仮説思考」をやっていなかった
- [ ] つい「正解」を求めてしまう
- [ ] つい「こうだ！」と決めつけてしまう

ロジカルな口グセをもつ
3姉妹の知的冒険

> 論理的に考えることを避けていたから、自分も苦しみ他人にも迷惑をかける結果になってしまった
>
> ヘレン・ケラー

経営コンサルタントの3つの口グセ

 考えがなかなかまとまらず、同じところで思考がグルグル回り、堂々巡りが繰り返されて、しだいに頭の中がぐちゃぐちゃ、整理できずに時間がどんどん過ぎていく……。

 そんなとき、頭の中の混乱の嵐をしずめ、シンプルに自分の考えをまとめることができるのが、論理の力です。

 論理というと何か難しそうな感じがしますが、「口グセ」ひとつで論理的な思考習慣が身につきます。

 論理展開の速さは「口グセの速さ」に比例します。

 頭の回転を速くしてくれる口グセには、3つあります。

 ①「なんで?(=WHY)」
 ②「具体的には?(=HOW)」
 ③「それで?(SO WHAT)」

 これを私は「ロジカル3姉妹」と呼んでいます。長女は「なんで?」、次女は「具体的には?」、三女は「それで?」口グセ。この3姉妹の口グセを習慣にすることで、論理的に物事を

考えることができるようになります。

　鍵となるのは、「いつも使う言葉で」ということです。これら3つの口グセを日常的に使っているならOKですが、日常的に口に出して使っていない言葉は身体になじみません。買ったばかりの革靴をはいているようなぎこちなさがあります。はきなれた靴は身体の一部のようにフィットしてくるように、思考でも使い慣れた言葉を使うことが大事です。しかも、口グセの場合、口語でいつも使っている言葉である必要があるので、自分がいつも使う言葉に置き換えてみるといいでしょう。

トヨタの「そもそもさぁ〜」

　自動車メーカーのトヨタが社をあげて実践する「なぜ5回」というものを聞いたことがあるでしょうか。

　トヨタで仕事をする上での基本の型です。ゴールとのギャップがあったら、「なぜ?」を5回繰り返し、真の原因を突き止め、その解決にあたれ、ということです。

「なぜ5回」を問うとき、トヨタのある部署では「そもそもさぁ〜」という口グセを使うという話を社員の方に聞きました。

　会議をしていて、疑問に思った人は「そもそもさぁ〜」とすぐ口に出します。

「そもそもさぁ〜、なんで、これが大事なの?」

「そもそもさぁ〜、これって、本当の原因なの?」

「そもそもさぁ〜、ピントがずれていない?」

　といったように、会議参加者全員でより根本的な問題を探し

始めるというのです。

トヨタの強みは「自分の頭で考える」社員さんたち。「疑問を放置せず、徹底して議論し、自分の頭で考える」という文化がこんなところにも見え隠れします。

思考の出発点に「そもそもさぁ〜」の口グセあり。こんな単純なワンフレーズから、トヨタの生産方式の強みとして高く評価されている「カイゼン」をはじめ、質の高い仕事が生まれてきたのです。

ツッコミどころ満載な日常で論理力を鍛える

ロジカルな口グセは筋トレと同じで、トヨタのように日常の中にあふれさせる必要があります。職場でトヨタのように暗黙の口グセルールにするには時間がかかるので、手っ取り早く日常の中で鍛えることのできる教科書を紹介します。

それはTVです。TVで政治家のコメントを見ていてツッコミをいれたくなったことはありませんか？ 少し前の郵政民営化から最近のTTPに関するニュースまで、「あれ？」と首をかしげたくなることばかりです。

そんなとき「なんで？」「具体的には？」「それで？」とツッコミを入れます。ただし、ただツッコミを入れるだけでは批評家になってしまいますので、その後必ず「自分だったら、どうする？」を口グセにしてください。

こうすることで、疑問をきっかけに、口グセを起点に自分なりの考えを生み出すことができるようになるはずです。

Lesson of the Episode

論理思考は3拍子の
リズムから生まれる

なんで？　具体的には？　それで？

Check!

- [ ] ロジカルな人っていいな、と思う
- [ ] 「論理的に話す」という意識がない
- [ ] 「論理的に考える」のに苦手意識がある

年収1億円以上稼ぐ人が必ずもっている「時間の器」

> 大事なのは、時間をうまく管理することではない。時間の使い方を根底から変えることだ
> リチャード・コッチ『人生を変える80対20の法則』

「時間管理」でなく「時間単位」にフォーカスする

時間をいかに管理するかは、忙しくなればなるほど切実な悩みではないでしょうか。

手帳を変える。時間管理術をマスターする。日報で管理をする。時間の記録をつける。スマホを活用する。ライフハックを仕入れる。

時間を管理するための方法はたくさんありますが、そもそも時間管理という考え方を根本から変える「時間単位」という考え方を紹介します。

「仕事のGPS」という枠組みで見ると、時間を管理するためには、ゴールを変える、ポイントを変える、ステップを変える、の3通りあります。これまでの時間管理は、要は、誰かがやってうまくいったステップ（やり方）にフォーカスした時間管理です。

ジョブズや年収1億円稼ぐ人は、ゴールとポイントにフォーカスしています。

ジョブズは「時間単位が他人とは違う」と言われていました。たとえば、ヒューレット・パッカードにいた人物がアップルに入社し、ある事業を任されることになりました。そのとき、事業戦略の構築について「3ヶ月後には方向性を固めます」とジョブズに言ったところ、ジョブズは「今日中に決断してくれ。ヒューレット・パッカードでは3ヶ月でも、うちじゃ今日中なんだ」とジョブズから言われたのです。

　他にも、他社では数週間もかけて決断するようなこともジョブズは「30分で決断」していました。

　ジョブズの足取りを見てみると、「今日中に決断」とか、「30分で決断」など、「時間単位」で仕事を完結しているのを見ることができます。まるで、時計の針が時を刻むように1パターンで正確な「時間単位」を刻んでいきます。

年収1億円稼ぐ人の「60分単位」

　ソニーの創業者・盛田昭夫さんが、アメリカのプルデンシャル生命の会長と乗り合わせたエレベーターの中で、上階から1Fのフロアまでの30秒間で、「日本でソニーが生命保険会社をはじめる！」という決断をしたという有名なエピソードがあります。この「30秒間の決断」が、のちのソニー生命につながることになりました。

　一流は時間の単位がちがいます。たとえば、企画作成。

　年収1億円を稼ぐあるコンサルタントは、「企画は60分で」としています。

「ちょっと時間をください」と言って、その15分後に紙1枚で企画書が出てきます。その企画書のたたき台をもとに30分議論をして、残りの15分で企画書を仕上げる。こんなことをよくやっていました。

先が読めない、延々と作業をしてしまっている、その都度再現性のないやり方だから効率が悪い……という悩みを持っている人は、このような「企画は60分（など時間を区切って）で仕上げる」というような基本の型をもっていない人が多いです。

車の運転も仕事の進行も見通しを立てることが大切です。1億円稼ぐ人を見ていると、いつも視界良好で見通しの立った仕事をしています。

仕事がふってくる度に時間を見積もるのでなく、「時間単位（ゴール）」×「基本の型」を決めておくことで、再現性のある見通しが立つ仕事ができるようになります。

「ご飯茶碗1/2の法則」と「時間の器」

たとえば、何かを決断するとしましょう。その決断にどれくらいの時間がかかるか。それは、自分で「この時間で決断する」と決めた時間になります。あなたが「3分」と決めれば決断時間は3分にもなりますし、「1ヶ月」と決めれば決断時間は1ヶ月になります。

つまり、自分が決めた時間単位で仕事の早さが決まることになります。特に、知的生産の世界では、時間をかければいいア

イデアがでるわけではありません。

　ジャパネットたかたの高田社長のように3分間のトークで数億円分の商品を売り上げたりすることもあります。ですから時間の管理でなく、時間単位でどれだけの成果をあげるかが大事なのです。

　時間単位について説明するときに、私は「ご飯茶碗1/2の法則」の話をします。ダイエットをするには、摂取カロリーを減らせばいいわけです。でも理屈ではわかっていてもなかなかできません。一番カンタンな方法は、ご飯茶碗のサイズを1/2にすることです。
「仕事 ＝ ご飯」、「時間 ＝ ご飯茶碗」とすると、仕事の作業時間を1/2にしたければ、「時間の器」を変えること。

　つまり、まずはじめに仕事を盛る時間の器を決めるところから仕事をはじめるようにしてみてください。それから実現に向けての「ポイント」を決めて「ステップ」を考えましょう。

Lesson of the Episode

時間管理でなく「時間単位」にフォーカスしてみる

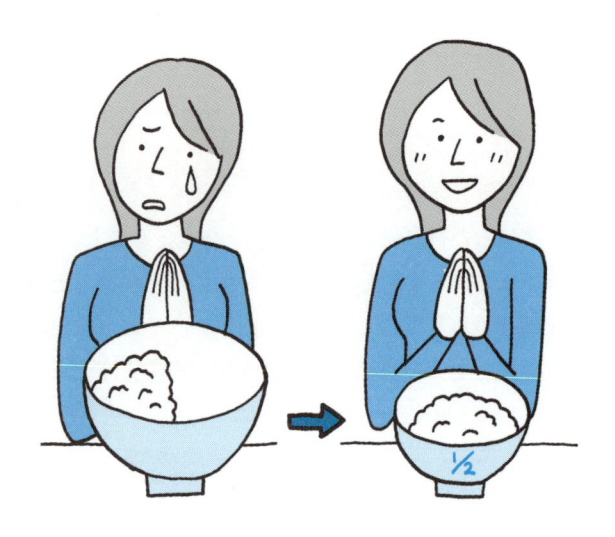

Check!

- [ ] 毎年、手帳の種類を変えている
- [ ] 雑誌の時間管理の特集が気になる
- [ ] 「1時間」単位でスケジュールを組んでいる

第 5 章

年収アップのための
8つの武器

トヨタ・P&G・サムソンの「報告書は紙1枚で」

> 当てるべきフォーカスがはっきり決まれば、決断はかなりシンプルになる
>
> ジャック・トラウト『シンプルパワーの経営』

報告書は紙1枚で

報告書を書くのが好きでない、苦手……という方は多いことでしょう。でも、報告書作成も1パターンの型を作ってしまえばOKです。

トヨタ、P&G、サムソン、マツダ、東芝など、数多くの企業が「報告書は紙1枚で」を習慣化しています。

なぜ報告書は「紙1枚」なのか。作業スピードと質、読み手の理解の質とスピード、そして何よりも「決める、動かす」スピードとクオリティがあがり、タイミングを逃さず次の一手を繰り出すことができるからです。

てんこ盛りでダラダラした説明、おまけに中身のない報告書から「紙1枚報告書」へシフトすれば、わかりやすくて、丁寧な仕事だと評価されるようになります。

「報告書は紙1枚で」には、次の3つのメリットがあります。

① 上司や同僚の時間を奪わない

② 即とりかかれて、短い時間で仕上がり、ストレスがない
③ 思考の基本の型が身につくようになり、言いたいことをコンパクトにまとめる力がつく

報告書の肝は「タイミング」「上司の基準」「実況中継」

　報告書作成の肝は3つです。

　まず報告書は「タイミング」が命。「報告書は熱いうちに書け」でいきましょう。クライアント先との面談が終わったら、クライアント先を出たところの喫茶店や帰りの電車の中の10分間で仕上げてしまいましょう。時間が経つほど人の記憶は消えていきます。記憶のVTRの再現は早め、早めが肝心です。

　つづいて、報告書は「上司の基準」でつくるということ。ですから、あらかじめ上司と報告書の型をすりあわせておきます。「上司の基準」を押さえておけば、重箱の隅をつつくような指摘はほとんどなくなり、ポイントを押さえたフィードバックが受けられるようになります。報告書は、上司が認めた型でさくっと仕上げましょう。

　そして、「報告書は実況中継だ！」ということも押さえておきましょう。上司など、その状況を知っておくべき人が面談の場にいることが一番いいのですが、そうそういつも都合良くはいきません。そこで、その面談の模様を実況中継している映像をあなたの頭の中で録画しておき、その録画したVTRのダイジェスト版をつくるのが報告書です。

　この3点を押さえ、さくっと簡潔につくりましょう。

1メッセージ・3ポイント・1アクション

「タイミング」「上司の基準」「実況中継」を押さえたら、あとは「相手の知りたいことを見せる」の原則を押さえれば大丈夫です。相手＝上司が知りたいことを紙の上で実況中継します。

上司の知りたい最低限のことは、1メッセージ・3ポイント・1アクションです。

「要は、何が言いたいの？」＝1メッセージ
「で、ポイントは何なの？」＝3ポイント
「で、俺は何をすればいい？」＝1アクション

報告書のゴールは1アクションです。上司から、「俺はこれをすればいいわけか」というひと言がもらえればOKです。そのためには、頭の中で上司が報告書を読み終えた瞬間を映像化しておきましょう。

報告書は「紙1枚で、相手の欲しい、その瞬間の情報を、実況中継する」という視点で取り組めば、退屈だった報告書作成もスピード感あふれるものになります。「報告書は紙1枚で」さっそく実践してみましょう。

Lesson of the Episode

報告書は紙1枚で「1メッセージ・3ポイント・1アクション」を盛り込む

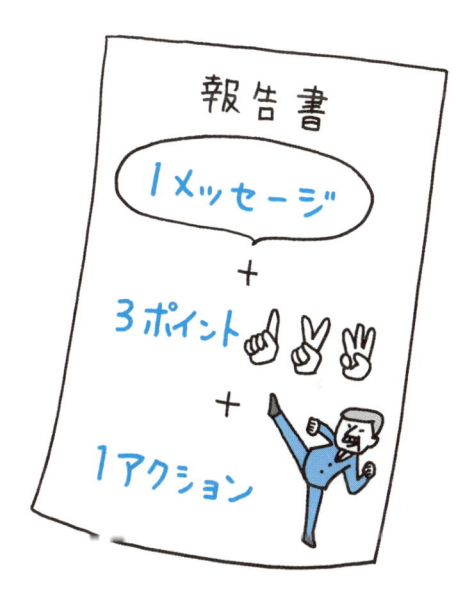

Check!

- [ ] 言いたいことがまとまらない
- [ ] 文章を書くのに時間がかかる
- [ ] 「紙1枚で!」という考えがない

第5章　年収アップのための8つの武器

実践編

一気に、最速で、紙1枚にまとめる「F1レポート」

　トヨタやP&Gなど、各社に「紙1枚」の基本フォーマットがあります。いずれも共通している点は、GPSを押さえているということです。

　どの報告書も、「G＝ひと言でいうと？」「P＝3つのポイントは何？」「S＝具体的な手順は？」が組み込まれた型になっています。

　ここでは、報告書の基本の型、「F1レポート」を紹介します。（次ページ図。図の青字部分はフォーマットを使用して報告書をつくった1つの例です）

　F1レポートの「F1」には、文字通り「フォーミュラ1（F1）」のように最速でつくり、最速で伝わる報告書がつくれる型という意味と、相手が知りたいことに「F＝フォーカス」し「1＝紙1枚」でまとめるという意味を兼ねています。

　図のように、「F1レポート」は、上からGPSの「3つの質問」に答えるような構成になっています。

　Q1：この報告書をひと言でいうと？

　Q2：ポイントは？

　Q3：で、今後どうするの？

タイトル	残業時間20時間減達成。そして、さらに90日間!「バディ制度」で聖域なき残業削減を実現します。	DATE:

GOAL	すべての仕事が「紙1枚」でまとまる思考のフォーマット(型)を身につける

POINT 1	POINT 2	POINT 3
「聞けば、解決!」を合言葉に ①自分で判断できること、そうでないことを見極める3つの基準を徹底した ②上司の「いま聞いてOK」看板が、聞きごろの目印になった。 ③正しい聞き方ができるように、「聞き方リスト」を用意し使うようになった	「パソコン作業時間1/2」を大前提に行動 ①パソコンに向かう前の「紙1枚」の習慣が根付いてきた。 ②作業別、パソコン使用時間の標準ガイドラインを設けた。 ③15分をパソコンの「1作業単位」として作業を分解するようになった。	「朝の5分間」で本日のTOP3に集中 ①朝に5分、1日の仕事を「映像化」する集中タイムを設置した ②朝の5分で、今日の「仕事のGPS」シートを作成するようになった ③朝の5分、「仕事のGPS」づくりに集中できるように、部内の朝礼の時間を9時30分に変更 ④各自の「仕事のGPS」シートに基づき、朝の朝礼で上司や同僚と情報共有

NEXT STEPS
20時間削減の次のステージへ。以下のステップで「残業ゼロ」を実現していきます。

STEP 1	STEP 2	STEP 3	STEP 4
バディ制度の下準備作業 ・なぜ「バディ制度」?を1枚のポスターにまとめる ・成果の上がった人と成果の出なかった人をマッチングして、残業ゼロの考え方をOJTで絡めていくスケジュールを決める ・バディ成功事例用意	部長と課長と役割分担の決定 ・部長、課長との決定事項リスト作成 ・打ち合わせ15分×3回をフィックスする ・127クウエスチョン質問のフォーマットで論点を整理する ・事前に、部内の主要メンバーにヒアリングし、要望を整理する	さらに90日間バディ制度発表 ・キックオフミーティングの内容を決める ・当時の物語プレゼンを用意する ・「リアル」バディ制度」を実演 ・そのための台本用意 ・各自に「1枚でわかる!さらに90日間、バディ制度」を配布する	90日間の「仕事のGPS」を設置 ・キックオフミーティングで部内全体の90日間GPSマップを描く ・その生日、各自90日間GPSマップを提出 ・バディとのフィードバックの基本の型をレクチャーする10分間動画を用意する

NEXT ONE
本日17時までに、上記のSTEP1~STEP4までの詳細スケジュールを「紙1枚」でまとめる

この３つの質問に答える「紙１枚」フォーマットが「Ｆ１レポート」です。

「F1レポート」で活動状況報告

　あなたが、上司から部内の「残業ゼロ活動」の状況報告を求められたとします。

　上司が知りたいことは、GPSです。

　ゴール＝「ひと言でいうと結果はどうなのか？」
　ポイント＝「その結果に影響をもたらしたことは何か？」
　ステップ＝「で、それを踏まえて、今後どうするの？」

　このGPSを押さえていなければ、いくら「こんな活動をしてきました」とあれこれ書き綴っても、上司からしたら「結局何が言いたいの？」ということになってしまいます。
　「F1レポート」でまとめると、このようなカタチになります。
　ゴール＝目標の１人あたりの残業時間20時間減を達成しました。この20時間の残業時間の減を実現する鍵となったポイントは以下の３点です。

①「聞けば、解決！」を徹底した
②「パソコン作業時間1/2」にフォーカスした
③「朝の５分間」にフォーカスした

①～③で具体的には、次のようなことをしました。

①上司やクライアントに、確認作業を徹底することで、ムダな作業が減らせたこと。

②残業時間を減らすということに焦点をあわせるのでなく、「パソコン作業時間を1/2にする」こと大前提とし、一人ひとりが行動しいつも「このパソコン作業を半分の時間でできないか」と考え行動していたこと。

③出勤後の「朝の5分間」で、その日やらなくてはならない最重要項目の1つと、重要項目TOP 3を紙に書き出す。そして、気分の誘惑に負けず、紙に書いたことを実行できるようになったこと、があげられます。

　今後の活動のフォーカスは、社員のバラツキをなくすことです。一人当たりの残業が20時間減ったとはいえ、相変わらず残業が多いメンバーもいるので、上記の3点が習慣化できている人とできていない人をペアで組ませて、できていない人をサポートしていきます。

　このように、「F1レポート」のフォーマットの流れにそって考え、報告すべきことを書き出していくと、スムーズでわかりやすい報告書ができるようになります。

「わかりましたか?」という意味のない研修はやめよう

> 集中が技術の習得にとって必要条件であることは、ほとんど証明不要だろう
>
> エーリッヒ・フロム『愛するということ』

「わかる」はキケン。「かわる」はジケン

研修を実施するとき、私は、次のようにお伝えしています。
「『わかる』はキケン。『かわる』はジケン」

研修の出発点で、そのゴールを「わかる」に置くのか、「かわる(変わる)」に置くのか。この一点で研修の生産性は変わります。

研修とは、仕事で必要な力を身につけるために実施するものです。

研修で「わかるけど、できない状態」が「できる」に「変わる」と、目の前のジケンを自分の力で解決することができるようになります。一方、「わかる」けど何も変えられなければ、キケンな状態は放置されたままです。

「わかる」でなく「できる」にフォーカスする!

研修では「できる」にフォーカスする。

ビジネスで価値があるのは事実だけです。研修における事実

とは何か。それは、研修で学んだことを仕事で「実践＝できる」ということです。この点が、学校での勉強と仕事での勉強の大きく異なる点です。「わかる」ではなく「できる」にフォーカスするのです。

「わかりましたか？」

　小学校から大人になるまで、いや社会人になっても、よく耳にする言葉です。学生時代のテストのように正解と不正解で答えがでるような世界ならまだしも、正解のないビジネスの世界では、「わかる」ですませるのはキケンです。

「わかる」にフォーカスすると、時間と未来をムダにしてしまいます。たとえば、英語。多くの日本人にとって英語で失った時間と未来は計り知れません。もし、いま英語を使って仕事をしていないのであれば、あの時間を返してほしい。そして、もっと別なことに時間とエネルギーをフォーカスしていたら弁護士や公認会計士の資格取得を目指すことができたかもしれない人はたくさんいることでしょう。

「わかる」にフォーカスするのか、「できる」にフォーカスするのか。そのフォーカスの違いで、結果に大きな差が生まれます。

　私は研修で受講生の方に対して「わかりますか？」でなく、「できますか？」と聞きます。

「わかる」にフォーカスすると、ピンボケな研修が学びとなり、「できる」にフォーカスすると、学びの質・スピードは高まります。

研修も「最初の5分」

　一流のアスリートの世界から企画書を書くことまで、ものごとが「できる」ようになるには「繰り返し」が欠かせません。当たり前といえば、当たり前です。でも、多くの方が「繰り返す」こと、つまり「できる」ようになるまで「つづける」ということができません。

　研修でも「最初の5分」に「仕事のGPS」でフォーカスします。

　G：「この研修で学ぶことで仕事のどの部分でどんな成果があがるのか。そのビジョンとゴールは何か」

　P：「そのビジョンとゴールを達成するための障壁には何があるのか」

　S：「今日の研修を終えたのち、どんな型と手順で習得していくのか」

ということをセットしたうえで、研修に臨みます。そして、研修終了時には、手元に「仕事のGPS」がある状態にしておけば、研修での学びを明日からさっそく仕事に活かすことができるようになります。

　ビジネス書を読むときも同様です。何のためにその本を読むのか（G）、どんなことに着目すればいいのか（P）、そこから盗むことができる型と手順は何なのか（S）。

　GPSを意識するだけで、ビジネス書を読む質とスピードは格段に変わってきます。

Lesson of the Episode

天才は「繰り返し」から生まれる

Check!

- [ ] 本を読むだけで満足してしまう
- [ ] 本で学んだことを行動に移せない
- [ ] 本は1ページ目から読む

実践編

学びの質・スピードを高める
「GPSラーニング・シート」

「仕事のGPS」の考え方をベースに、学習の質とスピードを高めてくれるのが「GPSラーニング・シート」です。

研修からプレゼンまで、GPSの3つの質問に簡潔に答えることができれば、早くて質の高い仕事が実現します。研修・学習における「3つの質問」は以下の通りです。

Q1:「この研修のゴールをひと言でいうと？」
Q2:「3つのポイントは？」
Q3:「で、具体的には、どんな手順で仕事をするのか？」

この3つの質問に対する答えがひと目でわかる紙1枚フォーマットが「GPSラーニング・シート」です。

まん中にGPSのピラミッドがあり、そこから反時計回りで、「Gのエリア」、「Pのエリア」、「Sのエリア」となっています。どのような形で実際に使うのかを見ていきましょう。

ピンボケな研修から抜け出す

これは、営業広告を手がける企業で研修プログラムの見直しを手がけたときのことです。この会社では、営業マン向けにロ

GOAL 資料作成時間1/2! 説得力を倍増し受注数を2倍にする

POINT

1. いきなりパソコンに向かわない！
   - 「ロジカルならくがき」
   - 「ロジカルなロゴセリフ」
   - ロジカルし2文字
   - 語尾のP2文字
   - 1枚の青い大眼紙
   - 15ヶ月の流れ
   - 他

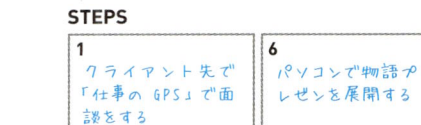

2. 「物語プレゼン」の型を備う！
   - 「オープニングの設計」
   - 3点セット
   - メインの設計
   - 1の達成の壁
   - 3つの物語
   - 「エンディングの設計」
   - クライマックス効果

3. 上司からのフィードバックをうける！
   - 「3分間レール」
   - 「3分間フィードバック」
   - 「3ポイントチェック」
   - 「なぜ」する
   - 「10大シーンは何か」
   - 「できない」の克服
   - 「映像化」

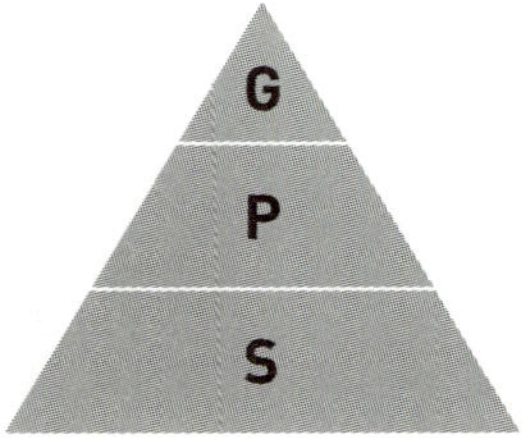

STEPS

1. クライアント先で「仕事のGPS」で面談をする

2. 面談終了直後に物語プレゼンの型を使い、15分で提案内容を書く

3. 上司から、物語プレゼンの型でフィードバックを受ける

4. 上司のフィードバックを物語プレゼンに反映させる

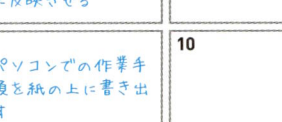

5. パソコンでの作業を一気に一気の上に書き出す

6. パソコンで物語プレゼンを展開する

7. プレゼン内容を上司に確認してもらったのち、客へいく GO!

8. 今回のプレゼンを検証し、次回以降(に活か)すポイントを整理

9.

10.

G P S

第5章 年収アップのための8つの武器

ジカル・シンキング研修、プレゼン研修、コミュニケーション力向上研修という3本柱がありました。ところが、研修で学んだことを業務で実践するには、3つの問題があります。

ひとつ目の問題点は、テーマがぼんやりしているということです。研修の与えられた課題を取り組む場合はいいのですが、業務のどんなシーンで、どう活用し、仕事がどう変わし、どんな成果が生まれるか、参加者の中で具体的なゴールのイメージがぼんやりしていました。

2つ目の問題は「3年の法則」の壁です。たとえばロジカル・シンキング。そもそも、外資系コンサルティング会社の優秀な人でも、ロジカル・シンキングを手足のように使いこなすのには3年はかかるといわれています。それを1日の研修で「わかりましたか?」とやっていることが問題だったのです。

3つ目の問題が、「繰り返し」の欠如です。研修で学んだ基本の型を実際の業務で繰り返し、繰り返し使うことで、その基本の型を身体で覚えるということができていませんでした。

そこで、この3つの問題を解消し、さらに3本柱の研修を1本にすべく「GPSラーニング・シート」で研修プログラムを設計しました。

ヒアリングをしていくと、3本柱のロジカル・シンキング研修、プレゼン研修、コミュニケーション力向上研修のG(ゴール)は、「クライアントへプレゼンをして受注を獲得する」という一点に集約できることがわかりました。

そこで、「クライアントへプレゼンをして受注を獲得する」

学びの質・スピードを高める「GPSラーニング・シート」

ことの一点にフォーカスし、「GPSラーニング・シート」を書き起こしました。ゴールは「資料作成時間1/2、説得力倍増、受注数を2倍にする」としました。

ゴール実現のためのポイントは3つです。

① いきなりパソコンに向かわない。まず紙1枚にらくがき
② その際に「物語プレゼンテーション」の型を使う
③ パソコンに向かう前に上司からフィードバックをもらう

具体的な手順は次の通りです。

1. クライアント先との面談で「仕事のGPS」を使い、顧客のゴール、ポイント、その実現のイメージを確認する
2. 面談後すぐ物語プレゼンテーションの型を使い、15分で提案内容を書き起こす
3. 上司から物語プレゼンの紙1枚フィードバックを受ける
4. フィードバックを反映する
5. パソコンでの作業手順を書き出す
6. パソコンで物語プレゼンを展開する
7. 上司に確認してもらったのち、客先でプレゼンする

学習や研修は、成果に直結するシーンにおけるゴールを決めて、その実現のために1パターンと3つのポイントを押さえ、具体的な手順を繰り返すことから本当の力が身につきます。

GPSなら、形骸化しがちで「仕事で使えない……」と批判の声があがることの多い研修が、「うちのチームのメンバーにも、ぜひ！」と現場から求められる研修へと生まれ変わっていきます。

99%ムダなメモを捨てて、パソコン作業を1/2にする「2大知的道具」

> わたしを悩ませている6つのことを書き出すと役立つ。そう、そのうち2つは消えてなくなる。ほかの2つは、まったくお手上げだから、心配しても始まらない。あとの2つはなんとかなるだろう。
>
> ウィンストン・チャーチル

事件発生、2大現場は「メモの上」と「パソコンの前」

　私が見てきた「早くて質の高い仕事」ができる人の共通点は2つあります。「ムダなメモをとらない」ことと「パソコンの前で考えない」ということです。

「パソコンに向かっていると仕事をした気分になる。パソコンは清書マシーンだと思え」

　外資系コンサルティング会社でパートナーを務めた方は言います。彼がコンサルティングの世界に入ったころは、コンサルタントがレポート用紙に書きなぐった提案書は、専門のドキュメント作成チームがパソコンでプレゼン資料に清書していました。コンサルタントはパソコンに触れることなく、手書きで紙の上に思考を落とせば、そこで仕事は終わりです。

パソコンの機能がアップした今でも、パソコンができることは作業だけです。思考は、頭の中で繰り広げ、紙の上で表現します。

　ところが、メモがピンボケだと、そこから生まれるアウトプットもぼんやりとしたものになります。ピンボケのメモの厚さだけ、ムダな仕事が積み上がります。

　また、パソコンは映写機のようなもので、頭の中に鮮明な思考のフィルムがなければ、いくら長時間パソコンに向かっていても、パソコンの画面にクリアな思考が映し出されることはありません。パソコンに向かう前に、頭の中の思考を手書きで紙の上に整理し、「よし、これでいける！」という状態をセットしてはじめてパソコンに向かいます。

　これが実践できるようにするためのメソッド、「ロジカルならくがき」と「ロジカルな口グセ」という2大知的生産の考え方を紹介しましょう。

ロジカルならくがき

　マインドマップ、100円ノート術など、さまざまなメモのやり方があります。しかし、メモには大きく分けて2種類しかありません。それは、「価値を生むメモ」と「ムダなメモ」です。

　あるときまで、私はさまざまなメモやノート術を試してきました。書きためたメモを積み上げると背丈を超えるほどになっていました。それくらいのメモ魔でした。ところが、メモを見返してみて、「仕事で価値を生んだかどうか」という点で考え

ると、書き出したメモの99％以上がムダだったのです。

これに気づいたことがきっかけとなり、「メモの99％はムダ」という自説を持つようになりました。そして、本当に価値あるメモだけをとるために、外資系コンサルタントや1億円稼ぐ人のメモを見せていただき、分析を重ねてきました。

そこでわかったことが、「メモの価値は構造で決まる」ということでした。その構造こそがGPSだったのです。

GPSの構造で書かれたメモのことを、私は「ロジカルならくがき」と呼ぶようになりました。そして「ロジカルならくがき」を使い、GPSの構造で、自分の頭の中で考えたことを紙の上に写し取りはじめるようになります。

ロジカルなログセ

口グセについてはすでにお話ししましたので、簡単に。
「この人の思考のスピード、展開は、この口グセを起点にしているんだな」とあるとき気づくようになり、その彼らの口グセを「ロジカルな口グセ」と呼ぶようになりました。

目標達成の筋道をロジカルに展開していく彼らの「口グセ」をマネると、彼らと同じ思考パターンができるようになります。彼らの思考がロジカルなのは、「口グセがロジカルだから」というのが私の結論です。

成功は思考パターンで決まるといわれます。口グセには、その人の思考パターンがあらわれます。口グセが変われば思考が変わり、思考が変われば仕事の成果が変わります。

Lesson of the Episode

思考は「らくがき」と「ログセ」で。作業はパソコンで一気に片づける

紙の上で焦点化 → パソコンで"集中して完成"

映写

Check!

- [ ] すぐにパソコンに向かう
- [ ] すべてメモしないと気がすまない
- [ ] 資料はコピペする

実践編

ロジカルならくがき 「GPSマップ」

　メモをしても次の行動に活かせない人がたくさんいます。そうではなく、メモしたことから価値を生み出す、それが「ロジカルならくがき」です。

　ロジカルならくがきは、GPSの構造で書き出します。そのフォーマットが「GPSマップ」です。GPSマップは、図のように大きく3つの領域（エリア）に分かれます。

① 左側が、思考や情報の拡散する「GPSダンピング」エリア
② 右上が、3ポイント、1ゴールにフォーカスする「ゴールエリア」
③ 右下が、具体的な手順をリスト化する「アクション」エリア

　まず、左上のGPSダンピングのエリア。ダンピングとは、ダンプカーが荷台を一気に傾けて荷台にのせた砂利を地面の下に落とすように、紙の上にペンを走らせ、頭の中の思考を一気に洗い出していくことです。思考や情報を反時計まわりで、

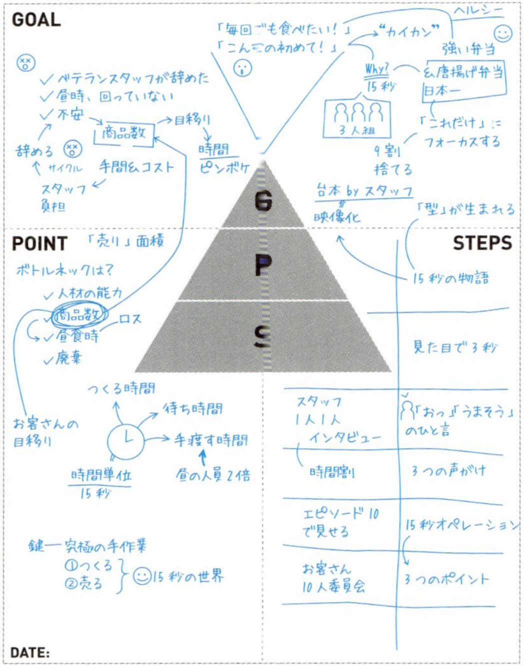

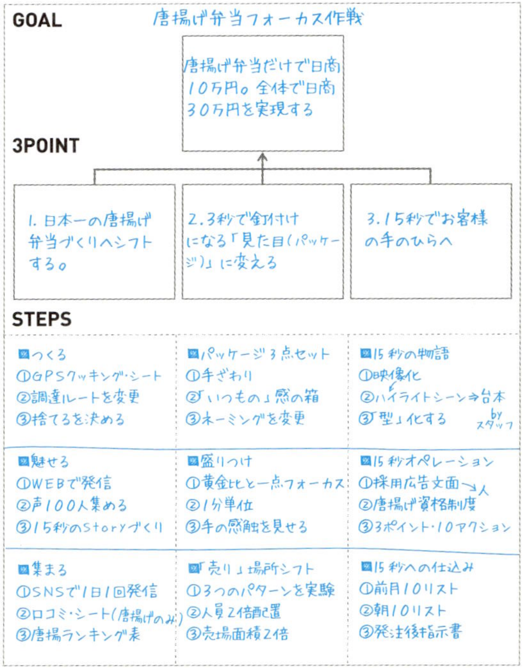

GOAL

唐揚げ弁当フォーカス作戦

1. 日本一の唐揚げ弁当づくりにコミットする。
2. 3分で味付けになる！ 見た目にパッケージを変える
3. 1.5秒でお客様の手のひらへ

3POINT

STEPS

つくる	魅せる	集まる
①OPSラッキング一覧	①WEBで発信	①SNSで1日1回発信
②調身ルートを変更	②声100人集め	②ロコミシート(唐揚げのみ)
③捨てごてを決める	③1.5秒のStoryづくり	③唐揚げランキング表

盛りつけ	15秒オペレーション	15秒の物語
①パッケージを点セット	①専念化と一点フォーカスの精	①手づくり
①手づくり	①採用応募面の	②呼吸化
②いつもの感の箱	①唐揚げ作業制度	②バイライトシーン台本 byスタッフ
③ネーミングを変更	③3ポイント10アクション	③呈上化する

売り場所シート	15秒オペレーション	15秒への作品
①3つのパターンを実験	①重念と一点フォーカス	①前月10リスト
②人員2倍配置	②採用応募面	②朝10リスト
③先注茶面積2倍	③3ポイント10アクション	③先注発注指示書

GOAL
「毎回〜を食べたい！」
「ここにのみで！」

✓ パラランスタッフが辞めた
✓ 昼時、回っていない
✓ 不安
辞める → スタッフ身持ち 時間 ◎ペンパリ → 目標化

POINT
ボトルネックは？
✓ 売り上 面積
✓ 人材の数
✓ 人材の流れ
廃棄 ロス
お客さんの足持ち (昼食時)

鍵・究極の手作業
①つくる
②売る → ◎ 15秒の世界

お客さんの目持ち
待ち時間 昼の入員2倍

つくる時間
時間単位
15秒

STEPS
見た目で3秒
15秒の物語
「一口うまそうだの一言」
スタッフ1人1人 インタビュー → 3つの声かけ
エピソード10 で見せる 時間割り
お客さんと 10人着食会 15秒オペレーション → 3つのポイント
「愛が生まれる」 映像化

G・P・Sの順でダンピングしていきます。

次にGPSダンピングで洗い出した要素を、3ポイントで整理し、1ゴールに収束していきます。最後に、具体的な実現手順（ステップ）をリスト化していきます。

このように、思考のエリアを分けて整理していくことで、短時間で、価値を生むメモ書きになります。さっそく、どのようなかたちで使うのか見ていきましょう。

日商8万円から日商40万円へ、G・P・S

これは、あるお弁当屋さんのコンサルティングを手がけていたときのことです。このお弁当屋さんは開業当初日商8万円でした。このままでは事業として存続が危ぶまれる中、V字回復に向けての手を打つことになります。

まず、GPSダンピングのエリア。ドラえもんとの「ABCトーク」で「理想・現状・変化」のストーリーを頭の中で「映像化」していき、「かな？」の「2文字」や「ロジカル3姉妹」の「ロジカルの口グセ」をしながら、頭に浮かんできた思考の断片をGPSでダンピングしていきます。

そこで浮かび上がってきたボトルネックは、「商品数」の多さでした。お客さんのニーズにこたえようと通常のお弁当屋さんの倍の品揃えをしたために、「オペレーションの手間とコストがかかる」「お客さんさんが目移りしてしまい、あれこれ気になって、お弁当を選ぶのに時間がかかる。昼時はこれが致命傷に」など、さまざまな問題を引き起こしていました。

一方、コンスタントな売上をたたき出している商品はたった1つだけでした。それはお弁当の定番「唐揚げ弁当」です。そして、この「唐揚げ弁当」こそ、このお弁当屋さんの独自の仕入れルート、レシピ、その誕生にまつわるエピソードなど、他のお弁当屋さんでなく、このお弁当屋さんならでの特徴を打ち出せる「強い弁当」でした。

　そこで、「唐揚げ弁当フォーカス作戦」プロジェクトを立ち上げます。ゴールは、「唐揚げ弁当だけで日商10万円を実現し、日商30万円を実現する」としました。全体の日商が8万円なのに唐揚げ弁当単品で日商10万円というのは一見大胆に思えるかもしれませんが、結果的に、3ヶ月後には唐揚げ弁当だけで日商12万円超、全体で40万円近い売上をあげる繁盛店へと進化しました。

　そのためにフォーカスした戦略ポイントは3つ。
　① 日本一の唐揚げ弁当づくり
　② 3秒で釘付けになる「見た目（パッケージ）」に変える
　③ 15秒後にお客さんの手のひらにお弁当。
　この3点です。

　そして、ゴールの実現のための「行動」をアクション・エリアに書き出していきます。

　このように「GPSマップ」の流れにそってメモをしていくことで、メモが宝の山に変わります。「メモを取る＝行動・成果に直結する」という習慣を身につけてください。

不思議と発想が豊かになる
「穴埋め式アナロジー」

> 比喩的な思考ができるのは人間の脳だけだ。人間の脳にはコンピュータには決して検出できない関連性を発見する力がある
>
> ダニエル・ピンク
> 『ハイコンセプト「新しいこと」を考え出す人の時代』

100の発想法より「1パターンのログセ」でOK

　大手企業では、千金に値するアイデアを見つけることができる人材を養成するため、新規事業チームを中心に発想法の研修が行われます。

　たとえば、オズボーンのチェック・リスト、アイデア・マラソン、KJ法、ブレインストーミング……たくさんの発想法がありますが、これらはすべて「アイデアは組み合わせから生まれる」ということを実践するツールにすぎません。

　ここでお伝えしたいことはたった1つです。それは、100の発想法より1パターンの発想でOKだということです。

　『ハイコンセプト』の著者ダニエル・ピンクは、これから成功する人の特徴の1つに「巧みな比喩が作れる人」をあげています。ハリウッドからジョブズ、佐藤可士和、広告の世界のクリエイターから経営コンサルタントまで、みんなこの考え方で発

想しています。

その1パターンとは、「○○みたいな」で発想することです。

小学生でもできる「穴埋め式アナロジー」

世界中の人びとを熱狂の渦に巻き込む映画が生まれる世界、ハリウッド。ハリウッドでヒットする映画のアイデアは一行でわかるとされます。たとえば「バスを舞台にした『ダイハード』みたいな映画」は『スピード』、「宇宙船を舞台にした『ジョーズ』みたいな映画」は『エイリアン』などです。

こうした発想法はアナロジーとか比喩とか見立てとよばれます。一切難しいことはありません。自分の記憶のデータベースから、目の前のテーマに関連する「○○みたいな」の○○を見つける作業です。

要は、「○○みたいな」を口グセにし、いつも「これって、○○みたい」という視点で脳みそを動かしていればOKです。時間と費用をかけて学ぶ発想法の研修より、100倍実践に活きてきます。

この「○○みたいな」を穴埋めして発想するやり方を、私は「穴埋め式アナロジー」と呼んでいます。これだと、小学生でもできます。実際に、小学生に「新しいおもちゃ屋さん」というテーマで穴埋め式アナロジーをやってもらいました。

「AKB48の大島優子みたいなおもちゃ屋さん」
「仮面ライダーオーズみたいなおもちゃ屋さん」
「ハワイみたいなおもちゃ屋さん」

というようにたくさんでてきます。「もし、そんなおもちゃ屋さんだったら、どんなものが買えて、どんな店員さんがいて、どんなサービスをしている？」と聞くと、具体的な商品やサービスが次から次へと出てきます。

脳内データベースに"体験"をストックしておく

この「○○みたいな」は、日頃のストックで差がつきます。先日、お会いした広告代理店のクリエイティブ・ディレクターは、週末は街を歩いてタウンウォッチングし、いまどんな店が流行っているのか、どこに行列があるのか、何か面白いことはないか、探しているそうです。

他にも、宿泊してみたいホテルへ行く、店舗を訪れるなど、いろんな体験をする。雑誌やネットで心に引っかかったものを記憶しておく。こうして、体験という蓄積をしていくことで、脳内のイメージのデータベースを豊かにしておくことがクリエイティブな活動をする上で大事です。

スポーツと同じように、発想も毎日の積み重ねがものをいう世界です。クライアントに何か提案をする、新商品を考える、起業コンセプトを見つけるときなど、「○○みたいな」からアイデアが生まれる可能性はたくさんあります。

あなたの脳の中から、相手が欲しがる「たった1つのコンセプト」が生まれ、その一行から新たなプロジェクトがはじまるかもしれません。さっそく、穴埋め式アナロジーをはじめてみてください。

Lesson of the Episode

アイデアは「○○みたいな」で考える

みたいな〜

なるほどなー

Check!

- [ ] アイデアが浮かばない
- [ ] アイデアがぼんやりしている
- [ ] アイデアを行動に移せない

実践編

アイデアを生み出す「アイデア・カクテル」

　穴埋め式アナロジーは慣れるのに少し時間がかかります。その補助輪の役割をはたすのが「アイデア・カクテル」です。短時間で大量にアイデアを出したいときに使える型です。

　図のように、アイデアが必要とされるテーマ（△△）を2列目のタテの列に書き出し、1列目に「○○みたいな」にあたるものを、思いつく限り書き出していきます。ある程度書き出したところで、「○○みたいな△△」を頭の中で映像化していきます。

　たとえば、テーマをお弁当屋さんにすると、「スタバみたいなお弁当屋さん」「ユニクロみたいなお弁当屋さん」「京都の老舗みたいなお弁当屋さん」といったこれまでにない組み合わせがたくさん生まれます。

　要は、「もしも、スタバがお弁当屋さんをはじめたら」「もしも、ユニクロがお弁当を売り出したら」と、「そんな弁当屋があったら絶対行きたい」アイデアを考え、その細部にわたるまで映像化していき、アイデアのリアリティを高めていきます。「アイデア・カクテル」を使えば、組み合わせの妙で、これまでにないアイデアを生み出すことができます。

			DATE:
○○みたいな	テーマ	MEMO	3秒CHK
スタバみたいな	お弁当やさん	キーワードは、香りひき立つ、甘いお弁当、じつは高カロリー、禁煙者用	◎
ユニクロみたいな	〃	カラフル、パッケージ化されている、コンパクト、定価格&機能性、シンプル	○
ワインショップみたいな	〃	年代もの、シーズン、テイスティング、畑によって味がちがう、こだわりがちがう、うんちく	?
京都の老舗みたいな	〃	300年の伝統が資産、職人の手作業、ほととぎす三武将、歴史マニアにはたまらない	◎ コスト△
上野動物園みたいな	〃	パンダ、家族づれ、ニュースで人が増える、定番と人気者、赤ちゃんが生まれた！	○
レディ・ガガみたいな	〃	想像つかない、セクシー&やさしいお父さんのイタリアンレストランのレシピを再現	?
AKB48みたいな	〃	48種類の野菜、元気になれる肉食系、草食系、as you like	◎

NEXT STEPS

なぜ、企画が通らないのか？
企画の良し悪しは、
3秒で決まる

> 話す声は聞こえるし、ことばは聞こえるのですが、話す人の心は聞こえてこないのです
>
> ミヒャエル・エンデ『モモ』

イケてる企画は「3秒」で判断できる

　昨年、大手企業で新規事業開発チームを3ヶ月間サポートしたときの話です。プロジェクトの冒頭で、一人ひとつ企画のアイデアをもってきてもらいました。そのとき、「みなさんのいつものやり方で」という補足をつけておきました。

　すると、多くの人がパワーポイントのでつくった立派な「新規事業の企画書」をお持ちになります。

　私は、「みなさんの企画がイケてるかどうか、3秒でチェックできますけど、やってみますか？」言い、その後「この企画、あなた自身、心の底から欲しい！と思えるものですか？」と聞くと、多くのメンバーの表情が一瞬で曇ります。次の瞬間、「はい、ボツ」。

　みんな、自分の考えた企画が「自分が、欲しくて、欲しくて、たまらない」ものになっていないんです。書類は立派なのに、中身は心に響かない。本来なら3秒でチェックできることを、複雑に考えてしまう。そして、机上の空論の企画書の山が

できあがってしまいます。

　必要な時間は「3秒」。それで次の2点をチェックします。

　① 3秒で記憶に焼き付くか？
　② 3秒で自分だったら絶対欲しいと思えるか？

　① 3秒で記憶に焼き付くか？
　スタンフォード大学で「記憶に焼き付くアイデア作り」をテーマに教えるチップ・ハースと経営コンサルタントであるダン・ハースは、その共著『アイデアのちから』の中で、アイデアは「記憶に焼きつくかどうか」の一点で決まるとしています。

　たとえば、J・F・ケネディの「60年代までに人類を月に立たせ、安全に帰還させよう」という言葉。この1行はその後10年間にわたり、何百万人もの人びとを行動に駆り立てました。

　② 3秒で「自分だったら」絶対欲しいと思えるか？
　AKB48のプロデューサー秋元康さんは、AKB48のプロデュースの肝を「自分がドキドキするかどうか」だとしています。たとえば、AKBじゃんけん大会。じゃんけん大会の企画を出したとき、レコード会社の関係者からいろんな意見が出たのですが、それらの意見に対して秋元さん自身「誰よりも僕がドキドキしない」と言って、当初の企画案のまま実行して見事大成

功を収めることになりました。

　自分だったら欲しいかどうか、これは企画書をつくる以前、つくっている最中、つくり終えたあとでも、「自分だったら欲しい？」と自問すれば「3秒でチェック」できます。その結果、もし答えが「NO」なら、もう一度企画をゼロからつくり直す必要があります。

企画は「タイトル」の1行で決まる

　企画とは「映画の予告編」です。「映画の予告編」を見て、その映画の全編を見てみたい！と思うように、その企画を相手に手渡した瞬間、相手の脳裏に「3秒で衝撃、30秒で物語、3分で行動」が生まれるようなものであるのが理想です。

　中でも3秒で衝撃を与える「タイトル」の1行が決め手となります。「タイトル」の1行を決めるためには、自分の脳裏に「あ〜こんなのが欲しい！」と心の底からそう思える映像が浮かんでいる必要があります。その映像を何度も頭の中で再生しながら、「もしこの予告編にタイトルをつけるとしたらどんな1行だろうか？」と考えます。

　この「映像化」しながら企画の全体の流れを考え「タイトル」の1行を決めるのが企画を決定づけます。ですから、企画をつくる多くの人がタイトルに膨大な時間を費やします。

Lesson of the Episode

「自分だったら」を口グセに、企画を3秒でチェックしよう

Check!

- [ ] まわりの意見に流されやすい
- [ ] 「どっちでもいい」が口グセ
- [ ] 本音を言わない

実践編

企画書をサクッと仕上げる「企画のABC」

　企画シーンで、GPSを展開したフォーマットが「企画のABC」です。フォーマットは次ページの図の通りです。

　企画もGPSの「3つの質問」に順番に答えていくワンパターンでできあがります。

　G:「この企画、ひと言でいうと？」

　P:「ポイントは？」

　S:「で、どうやって実現するの？」

　理想の企画は「3秒で衝撃、30秒で物語、3分で行動」です。それが実現するかどうかが生命線です。

　1行タイトルで「3秒で衝撃」。心のど真ん中を射貫く。

　ABCストーリーで「3秒で物語」が目に浮かぶ。

　3つの理由で「3分で行動」したくなる。

「企画のABC」のフォーマットは、上から「Gのエリア」「Pのエリア」「Sのエリア」のGPSの順で並んでいます。

「Gのエリア」は、まずタイトルの1行。その次の段が、「この企画で、何が、どうなるのか？　その鍵は？」がABCで展開されていきます。

　つづいての「Pのエリア」では、行動したくなる3つの理由

タイトル 　　　　　　　　　　　　　　　　　　　　　　　　DATE:

『すべての仕事を紙1枚にまとめてしまう整理術』

Before

新卒1年目のAさんの整理できない毎日。資料に、あれもこれも資料に盛り込んでしまう。わかりにくい、遅い資料で、上司やまわりに迷惑をかけてしまう。

- 資料作成に時間がかかる
- 資料をつくるのが憶劫になっている
- 上司から「要は何が言いたいの？」「要点をまとめてくれよ」「分厚い資料はいいから、ポイントをわからせてくれたらいいから」といわれてしまう。

After

すべての仕事を1枚で簡潔に片づけることができるようになる。

- パソコンの使用時間1/2
- 「はい、紙1枚」が職場の合言葉になっている。上司から、「あのプレゼンどうなった？」と「企画どうした？」「報告書は？」と聞かれたら、「はい、この1枚です！」という具合に、いつでも簡潔で素早い仕事ができるようになります。

Change 　すべての仕事が「紙1枚」でまとまる思考のフォーマット（型）を身につける

---

1. 強い会社は「紙1枚」	2. できる人は「紙1枚」	3. 情報過多に「紙1枚」
「トヨタ、P&G、サムソン他を「紙1枚」を実践する」 強い会社の仕事の基本は「資料は紙1枚で！」この考え方が個人とチームの思考力・コミュニケーション力のベースとなっています。	1億円稼ぐ必殺紙1枚仕事人たちは紙1枚でまとめる 相手の欲しい情報を簡潔に見せる力。これが1億円稼ぐ人たちに共通する力です。紙1枚という制約があるから相手にフォーカスすることができます。	10年前の530倍の情報過多にさらされている 情報を整理する力が衰える一方、情報が目の前にあふれる現実の中、膨大な情報の中から不要なものを捨て、簡潔に1枚にまとまる力は必須です。
マッキンゼーの思考の型は「紙1枚」で表現できる たった1つの思考の「型」で、コンサルタントは正しい思考と伝える力を身につけることができます。	外資系コンサルタントのパソコンの前の「紙1枚」 「いきなり、パソコンに向かうな！」は外資系コンサルの仕事の常識です。まず紙1枚で思考を整理する、のちにパソコンで清書をします。	資料の厚みの分だけ、人、金、時がムダに使われる 紙の厚さを見れば、ムダがわかります。大手インフラ系企業では会議資料を紙1枚にすることでムダの削減、意思決定の迅速化を実現しました。
NHK、東大生のノート、楽天の12分会議も「紙1枚」 番組企画も、受験勉強も、会議の質と早さも、「紙1枚」で決まります。限られた時間で紙1枚で成果を出す力は一生の財産になります。	チャーチルの1枚の決断 チャーチルは「紙1枚」で判断できる資料を部下にもとめました。外資系コンサルティング会社もプレゼンのサマリー1枚でその内容を判断します。早い決断は紙1枚から生まれます。	パソコン作業時間1/2と残業ゼロの仕事へシフトする 残業時間はパソコンの前という現実。広告代理店や研修会社をはじめ紙1枚でパソコンの作業時間は1/2になり、残業時間の削減が実現しました。

がそれぞれのボックスの中で展開されていきます。

そして、最後の「Sのエリア」で、実現に向けての具体的な手順が繰り広げられています。

企画書の紙1枚が映画の予告編だとしたら、最初にタイトルの1行がきて、物語のABCが映し出され、ハイライトとなる3つのシーン（ポイント）が映し出され、それがどのような展開でクライマックスまでいくのか、その足取り（ステップ）が映像化されていきます。

これらを頭の中で展開し、映像を思い描いていきます。

これまで机にへばりついて、うんうんうなりながらパワポを開いて企画書をつくっていたころに比べて、短時間で、簡潔に、シンプルな企画をつくることができるようになります。

本の企画を「企画のABC」で展開してみる

私の著書『すべての仕事を紙1枚にまとめてしまう整理術』（クロスメディア・パブリッシング）について、「企画のABC」を使って展開してみましょう。

1行タイトルは、もちろん『すべての仕事を紙1枚にまとめてしまう整理術』。

次はABCです。主人公は新卒1年目の新人さん。毎日上司から、「要は何が言いたいの？」「要点をまとめてくれよ」「分厚い資料はいいから、ポイントをわからせてくれればいいから」と言われているビフォーのB地点。

それが、「あの書類どうなった？」と聞かれたら、「はい、こ

の1枚です」。「あのプレゼンどうなった？」と聞かれたら、「はい、この1枚です」。「企画はどうした？」と言われたら、「はい、この1枚です」と、いつでも紙1枚で、簡潔な仕事ができるようになるというのがアフターのA地点。

その変化をもたらした要因Cが「紙1枚」ということです。

そして、「なぜ、紙1枚なのか？」という点について、3つの理由をあげます。

1つ目の理由は、トヨタ、マッキンゼー、P&Gをはじめ強い会社は「紙1枚」で書類をまとめる基本の型があるから。

2つ目の理由は、私自身の実体験。いっしょに仕事をしてきた、いわゆるできる人は、いつも紙1枚で要点をまとめていた。私自身、紙1枚の型を使うようになって、仕事のムダがなくなり、短時間で、質の高いアウトプットを出せるようになったから。

3つ目の理由は、10年前の530倍もの情報があふれている今の時代、情報を整理するにしても、アウトプットの「制限（基本の型）」がなければ、情報に振り回され、質の高い仕事ができないという現実があるから。

以上3つの理由から、いつでも「紙1枚」で相手が知りたいことをまとめる力が求められている。

と、このような流れで、「企画のABC」のフォーマットで展開すれば、「3秒で衝撃」を与え、「30秒で物語」を語り、さらに、「3分で行動（この場合、読者が"自分も紙1枚をはじめたい！"と思ってくれる）」を促すことが可能になります。

「プレゼンは2度としない」と
トム・ピーターズが言う理由

> パワーポイントなどなくても上手にアイデアを説明できるのである
> 　　　　　　　　　　ジョン・マエダ『シンプリシティの法則』

プレゼンでは「物語」を語れ！

　世界的なベストセラーとなった『エクセレント・カンパニー』の著者トム・ピーターズは「プレゼンテーションはもうやらない。二度とやる必要はない」と言っています。でも、彼の仕事は世界中を飛び回り、「エクセレントな会社をつくろう！」と人びとの心に火をつけることです。では、彼はプレゼンではなく、何をやっているのか。

　トム・ピーターズは「物語を語ればいい」と言います。

　外資系の広告代理店でメディア・プランナーをしている知人は、これまでの人生で3回「プレゼンでは物語を語れ」という言葉を耳にしたそうです。

　1人目は、アメリカのビジネス・スクールでの同級生です。2人目は、広告代理店のポルトガル人の上司。3人目は、広告代理店の社長。いずれも、プレゼンの名手だそうです。

「プレゼンで物語を語る」ための型が満載な教科書はマンガ本です。マンガ『ドラゴン桜』の著者・三田紀房さんは『プレゼ

ンの極意はマンガに学べ』という本の中でこう言っています。少し長くなりますが、引用します。

> プレゼン資料とは、ただの企画書ではない。文字とビジュアルで魅せる「物語」であり、ひとつの作品だ。通常のビジネス文書とはまったく違った発想とノウハウが求められる。だからこそ、「ビジネスの達人」や「文章の達人」が指南するプレゼン術はなんの役にも立たない。もうおわかりだろう。プレゼンに必要なスキルを誰より知り抜いているのはマンガ家であり、だからこそ「プレゼンはマンガに学べ!!」なのだ

この本は2013年に出版されたものなのですが、私はそれより15年くらい前のある日、ある人物から「プレゼンはマンガに学べ!」と教えられました。

コンサルタントとマンガ

私がコンサルティング会社に勤め始めた3週間後のある日、上司から「これ読め。これで少しはプレゼンがましになるだろう」と言われ差し出されたのは、1冊のマンガでした。

彼はなぜ私にマンガを手渡したのか。いわく「プレゼンはストーリーの流れが大事。マンガにはストーリー展開の醍醐味があふれている。そのストーリー展開のリズム感を吸収しろ」とのこと。彼はいつもデスクでマンガを読んでいました。

私は「プレゼンはマンガ本で学べばいいんだ」と思い、やけに肩の力が抜けたことを今でも覚えています。当時の私は、プレゼンがうまくなりたくて、プレゼンに関する本を片っ端から読んでいました。しかし、そうやって学んだテクニックやノウハウよりも、「マンガでプレゼン」のほうがシンプルで実践的でした。

　『ドラえもん』なんていい題材です。仕事がうまくまわっているとき、そこには「のび太とドラえもんの理想の関係」が成り立っています。

　『ドラえもん』のストーリーはいつも同じです。のび太に困ったことが起き、のび太が「ねえ、ドラえもん」と泣きつく。のび太の悩みを、ドラえもんが四次元ポケットから取り出した道具で解決し、ハッピーエンドに終わる。

　主人公はのび太。その主人公の夢をかなえるドラえもん。

　ビジネスでも理想のかたちは同じです。ドラえもんがあなた、主人公ののび太は上司もしくはお客さん。主人公の問題をすばやく解決できれば仕事はうまくいきます。しかし、テクニックやノウハウにこると、往々にしていらないものがたくさんつまったストーリーになってしまいます。のび太から「ドラえもん、あれこれ道具を見せてくれているけど、どれも僕が欲しいモノじゃないよ」と言われているような関係です。

　いくら一生懸命努力しても、「相手の欲しいモノを見せる」ことができなければ、すべてムダになってしまいます。

説明でなく「いかに見せるか」にフォーカスする

「プレゼンで、"伝えよう"なんて思ったことは一度もないよ」。そう話す投資家もいました。その理由について、こんな話をしてくれました。

「いかに相手に動いてもらうか。その1点にフォーカスしてきたんだ。ビジネスでは、相手が行動してくれるかどうかがすべてだからね」

それまでの私は「プレゼン＝いかに説明するか」「プレゼン＝伝えるもの」と思い込んできました。しかし、一流の人たちのプレゼンを目の当たりにし、この認識は一変しました。

日本中で、毎日、毎日、膨大な数のプレゼン資料がつくられています。でも、その多くはお客さんの心を動かし、「よし、それでいこう！」というGOサインをもらえずに、ゴミ箱へ直行してしまいます。

プレゼンのフォーカスすべきポイントは、「いかに見せるか」「いかに動かすか」。つまり、「相手からどう見えるか」「相手が動きたくなるか」がプレゼンのすべてを決めます。

ジョブズのプレゼンは「その製品がなぜ生まれ、何ができて、どこがすごいのか」というジョブズの考え方を見せる、シンプルなものでした。

プレゼンもGPSで展開すればOKです。

相手を導くゴールをまず設定します。そのゴールを実現することで、相手の現状がどのように変化し、どんな未来の記憶が

そこに再生されるのかを映像化します。

そして、そのゴールに向けて相手をスムーズに導くための型を用意します。三幕構成の物語の「ABCトーク」で、相手のビフォー（B）、アフター（A）とその変化（C）がどのようにして起こるのかを設計します。あとは、そのABCそれぞれの物語を肉付けしていく手順を決めるだけです。

上司が5分関わるだけでプレゼン資料作成時間 1/2

今年のはじめ、広告提案をする大手企業の営業部門でプレゼン資料作成の業務プロセス改善のお手伝いをさせていただきました。営業担当者の残業時間が長く、そのほとんどがクライアント向けの資料づくりに費やされているとのこと。資料作成の時間を大幅に削減し、残業時間をゼロにできないかという要望です。

私が提案したのは次の3点でした。

① いきなりパソコンに向かわない
②「基本の型」でプレゼン資料をつくる
③ 上司からフィードバックを受ける

これだけのことでプレゼン資料の作成時間は1/2になり、同時に上司のフィードバックによって資料の質もあがり、クライアントへの提案力が大きくアップしました。

特に大切なのは、上司からのフィードバックです。早くて質の高い仕事をするために、ぜひ押さえておきたいポイントです。

Lesson of the Episode

プレゼンは、「考え方」を「見せる」ことにフォーカスする

Check!

- [ ] 「プレゼン＝パワポ」という思い込みがある
- [ ] 「人を動かす」という意識がない
- [ ] 「うまく説明する」ことに意識が向かう

実践編

相手をゴールまで導く「物語プレゼンテーション」

　ゴールに向けて相手をスムーズに導くためのGPSで考えるプレゼンテーションの型が「物語プレゼンテーション」です。

　トム・ピーターズが、プレゼンでは「物語を語ればいい」と言ったように、物語の型で語れば、どんな相手をも引き込むプレゼンができるようになります。

「説明」するプレゼンから、「見せる」プレゼンにシフトする、そのための基本の型が「物語プレゼンテーション」です。

「物語プレゼンテーション」の型は、映画のように、オープニングからはじまり、メイン、エンディングの3幕で構成されます。

　まず、オープニングでは、スムーズに相手を物語の世界へ誘うことが大切です。そのためには以下の3点が重要です。

① 現状の問題シーンにクローズアップする
② その問題シーンに隠れた現実を見せる
③ そこから生まれる「テーマ（問い）」を共有する

　②については、その問題を解決している他社の理想のケース

タイトル		GOAL	
3年後のわたしへ。「大丈夫!わたしの就活」		就活生が「よし、これで行けるぞ!」と気持ちの土台を手に入れる	

	壁1	壁2	壁3
	「理想の大人たち」の壁	「やりたい!」脳力の壁	「夢の地図の喪失」の壁
		「わたしの理想の大人は、この3人」プロジェクト！	脳内ポケットに1枚の夢の地図と大きな野望
		①理想の大人10人に会いに行く	①夢の3か条をつくる
		②その10人の共通点や基準をつくる	②GPSで夢をカードに書き写す
		③基準に会う最高の大人3人を選ぶ	③1日3回10分間カードを見る
		④1度に1人を最大3回記録する 型化	
			毎日、「いつかやりたい!」を行動に移す
			①食べたい!を行動にする
			②「なんとなくコンビニ」を止め、買いたいとこで買い物する
			③1日15分「最高の自分」を取りもどす

現状 「就活の不安」という屋根の下、「憂の下、「知識」という柱下でいっぱんやりしている」という気持ちを抱いているので、何がほんとうにやりしているのかが何かわからなくなっている。

変化 就活3年後に笑顔の先輩100人に聞きましたったった一つのことは「自分が本当にやりたいことに、これ!」と見つけた。

問い 「自分が本当にやりたいこと」＝自分の軸で「就活不安」でなく「就活の希望」にフォーカスできるか?

を見せたり、問題を放置することによって発生しかねない最悪のシナリオを見せてあげるなどして示します。

　オープニングにつづくメインでは、「テーマ（問い）」の答えを導くために、3つの壁を設定し、その解決方法も同時に提示します。そして、最後がエンディングです。

　では、具体的にどのようなかたちで「物語プレゼンテーション」を展開していくのかを見ていきましょう。

「物語プレゼン」で就活へGO！

　あなたが仕事のかたわらボランティアで学生の就活支援をしているとします。その活動の一環で、あなたが就活フォーラムで学生たちにプレゼンをするとします。

　そこに参加する学生たちは
・「就職できるかどうか不安」
・「自分が本当はどの会社に入りたいのかわからない」
・「就活で大切なことが何かぼんやりしている」など
不安な気持ちでいっぱいです。

　そんな彼らが、あなたのプレゼンを聞くことで、「よし、これでいくぞ！」という気持ちになり、自信をもって就活をしてもらえるようになるのがゴールです。

　「物語プレゼンテーション」の型にそって、あなたがプレゼンするとします。

【タイトル】
3年後のわたしへ。「大丈夫！わたしの就活」

【オープニング】
① みなさんの多くは、いま「就活の不安」という厚い雲におおわれているのではないでしょうか。たとえば……。
② 就活3年後に笑顔でいる先輩100人に聞きました。就活のとき、「あの1点を押さえていなかったら……」と思う「たった1つ」のことは何ですか？ すると、「自分が本当にやりたいことは、これ！」というものを見つけたこと、という答えが多くかえってきました。
③「自分が本当にやりたいこと」＝自分の軸で、「就活の不安」でなく「就活の希望」にフォーカスできるか？

【メイン】
壁が3つあります。
壁1：「理想の大人たち」の壁
壁2：「やりたい！筋力」の壁
壁3：「夢の地図の喪失」の壁

壁1「理想の大人たち」の壁
みなさんの多くは、自分が本当にやりたいことをやっている大人たちの背中を見てきた、という実感がないのではないでしょうか。

「あの人みたいになりたい！」という気持ちから「自分が本当にやりたい」は育まれます。

そこで、この壁を乗り越えるために、「わたしの理想の大人は、この３人」プロジェクトを提案します。具体的には……。

壁2「やりたい！筋力」の壁
「自分が本当にやりたいこと」がわからないという人は、日常生活でも「やりたい！」が不足しています。ただなんとなくぼんやり過ごしてしまう傾向があります。

要は、「やりたい！筋力」の不足が、「自分の本当にやりたいことがわからない」という現実を生み出しています。

そこで、「やりたい！筋力」をつける習慣を提案します。毎日、「小さなやりたい！」をやることで「やりたい！筋力」をつけるのです。

たとえば、「とりあえず、コンビニ弁当」もいいけど、「恵比寿のあのお店で天丼が食べたい！」をカタチにしてみるなど「小さなやりたい！」を行動に移していきましょう。

壁3「夢の地図の喪失」の壁
「自分が本当にやりたいことは、これ！」と決まっても、日常の忙しさの中で、私たちは「自分が本当にやりたい！＝夢」を見失うことがあります。

そこで、「自分が本当にやりたい！＝夢」を書いたカードを胸ポケットにたえず入れて持ち歩く習慣をもちましょう。題し

て、「胸ポケットに、夢の地図と、大きな野望」プロジェクト。プロジェクトといっても、紙1枚、胸ポケットに入れて持ち歩くだけのことです。

【エンディング】
　こうして、いつも、いつも、「理想の大人たちの背中」を見つめ、「胸ポケットに、夢の地図と、やりたい！気持ち」を詰めて、「わたしの就活」をする。
　つい就活というと目先のテクニックに目を奪われがちですが、土台がなければ建物がたたないように、就活の土台がぐらついていると3年後が心配です。
「理想の大人たち」と「胸ポケットに、夢の地図と、やりたい！気持ち」の詰まった「就活の土台」づくり、ぜひ、明日からはじめてみませんか。
　このように、「物語プレゼンテーション」の型にあてはめて、自分の考えを整理して物語ると、あなたが本当に伝えたかったことを物語のかたちに乗せて、相手の心に届けることができます。
　ぜひ、試してみてください。

なぜ、会議が進まない？
「バンパイア会議」と
「楽天の12分会議」

> 1つの規準は1000回の会議に匹敵する
> デイル・ドーテン『仕事は楽しいかね？2』

事件は「会議室」で起きている

「ムダな会議が多い」「会議でものごとが決まらない」「会議時間がながい」「この時間になんでこれだけのメンツが会議に参加しているんだ」「会議って必要なの」と、とかく不満の多い会議。

その多くの不満がなんとなくの気分のまま放置されて、何年も同じような会議が日替わり定食のように繰り返されています。遅くて質の低い会議はバンパイアに血を吸われるようなものです。時間の経過とともに着実に個人とチームの思考力とエネルギーを奪っていきます。

会議の質とスピードは、個人と組織の生産性を決めます。

会議を見れば会社がわかります。時間の使い方、コミュニケーションのやり方、ものごとのとらえ方など、その会社、チームのメンバーの考え方がクッキリと見えます。

メンバーの考え方がピンボケしていると、ピンボケな会議が

繰り返されます。ピンボケな会議が繰り返されるほどに、メンバーの考え方はますますピンボケになっていきます。このように、会議を通してピンボケが組織全体に伝染していきます。

楽天の「12分会議」

楽天の「12分会議」をご存知でしょうか。

前章で「ご飯茶碗1/2の法則」の話をしましたが、そのもっともわかりやすい例がこれです。

三木谷社長の号令のもと、それまで2時間かけていた会議を12分で行うことに決めました。最初に12分という時間単位を決めて、その中で成果のでるパターンとステップを模索していったのです。

12分という短い時間なので、当然資料は簡潔さが求められます。そこで「資料は紙1枚」という型をとりいれたりもしたそうです。

多くの企業が使うであろうパワーポイント。ジョブズが、会議では「パワーポイント禁止」としたように、IBM、トヨタ、アメリカの軍の中でもパワーポイントの使用を禁止した事実があります。パワポを使えば資料作成に時間がかかるし、ムダに資料が増えて、話し手がそのストーリーを完璧に把握できないことが多いからだそうです。

私も、クライアント先に15分会議を導入する際は、会議では「パワーポイント禁止、ホワイトボードに描く」であるとか、ホワイトボードには4色のボードマーカーを使う、「資料

は紙1枚で」など、15分会議の型を実践してもらいます。

会議の最初の5分とラスト5分でGPSをセット

　GPSを搭載せず迷走する車のように、多くの企業の会議はよく迷走します。しかし、「仕事のGPS」を使うことで、早くて質の高い会議をすることができます。

　会議は「最初の5分」と「ラスト5分」で決まります。多くの企業では、最初の5分とラスト5分のピントがぼんやりしたまま会議をしています。

　最初の5分でその会議のためのGPSをセットします。今日の会議のゴールはどこか、そのために使う会議の型はどれかを決めます。その後、ラスト5分というタイムリミットまで議論を煮詰め、結論を出します。

　ラスト5分では、議論を踏まえて次のプロセスに進むためのGPSを設定します。この会議を踏まえ、「どんなゴールを目指し、そのゴールを実現するとどんなビジョンが実現するのか」「ゴールの実現に向けて、押さえるべきポイントは何か」「ゴール実現のロードマップはどうなるのか」を、その場で決めてメンバーと共有します。

　これを実践するだけで、一気に会議が有意義なものになるはずです。

Lesson of the Episode

会議の迷走・脱線・遅延を防ぐ、「最初と最後のGPS」

Check!

- [ ] 会議がやりっぱなしになっている
- [ ] 会議や打ち合わせが多いせいで残業になる
- [ ] 会議が脱線してしまう

実践編

短時間で決まる会議「123アクション会議」

　会議の質とスピードを分けるのが、会議に「型」があるかどうか。ここでは会議の基本の型、「123アクション会議」のフォーマットを紹介しましょう。
「123アクション会議」とは、会議が終了した瞬間に、その会議を踏まえて、目標に向けてのGPSがセットされる会議フォーマットです。会議を通して、G（ゴール）とP（ポイント）が明確になり、その実現に向けてのS（ステップ）まで、すべて映像化されていきます。次ページを見てください。
　最初にまん中の「Gエリア」に、この会議のゴールを明記します。これがGPSのGになります。
　次に、まん中から伸びる枝に、今回の会議で結論を導くにあたっての3つの論点（1・2・3）を置いておきます。これがGPSのPです。
　そして、左上のボックスには、この会議を踏まえてとるべき行動を入れる「アクション・ボックス」を最大10個置いておきます。これがGPSのSです。
　会議のはじめの5分で「Gエリア」にゴールをセットすることで、この会議では何に対して結論を出し、どんな順番で何に

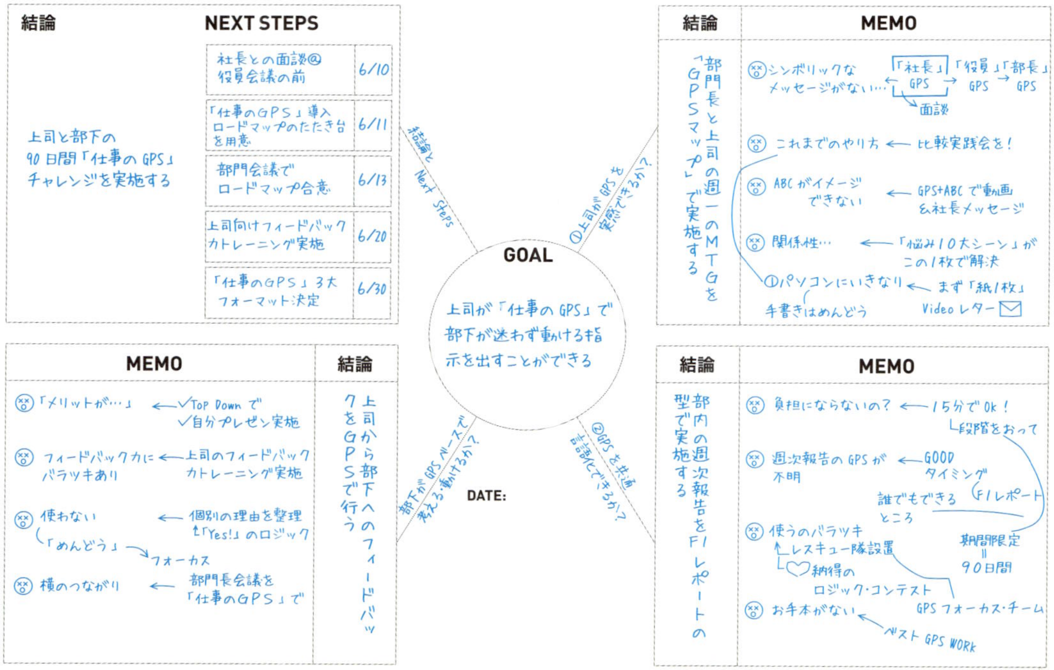

第5章　年収アップのための8つの武器

ついて議論が行われ、最終的にどのようなアクションを起こせばいいのかが、目で見てわかる状態になります。

あとは、時間を区切って、時計回りで3つの論点を順番に議論していき、それぞれ結論を導いていきます。

そして、会議終了前の最後の5分で、会議の結論もGエリアに記入し、アクション・ボックスにそのために今後とるべきアクションを記入します。

まるで、映画の撮影で「3、2、1、アクション！」というようなリズム感でテンポよく会議が進み、最後に必ずアクションを決めて会議が終わるようになります。そして、会議後はできあがった「仕事のGPS」に基づき、参加者ひとり一人がやるべきことを迷わず実行できるようになります。

仕事の効率アップをはかります

とあるIT企業で「ホワイトカラーの仕事の効率性を高める」というテーマで、QC活動（品質管理の手法を用いて業務課題の解決に取り組む活動のこと）が実施され、社員さんがそのためにミーティングを重ねていました。ところが、社員のみなさんが時間と労力を使っているわりに、思うように効率が上がっていないというのが現状でした。

QC活動を推進する担当者の方から相談を受けた私は、「123アクション会議」のフォーマットを使い、会議を実施することにしました。事前に担当者の方にいろいろ話を聞いてみると、どうやら上司と部下のコミュニケーションの質の低さに原因が

あり、最大のボトルネックは上司の指示の出し方にあることが見えてきました。そこで、123アクション会議では「上司がGPSで簡潔に指示を出すことができる」ということがゴールになりました。そのゴールに向けて設定した論点は、以下の3つ。

① 上司が「仕事のGPS」を実践できるか?
② 上司と部下とのコミュニケーションで「仕事のGPS」を共通言語化できるか?
③ 部下が「仕事のGPS」に基づき考え、行動できるか?

議論の結果、最終的には「上司と部下の90日間GPSチャレンジ」を実施しようということになりました。
そこに至るまでの3つの論点の結論は次のようになり、それぞれアクションが決まりました。
論点①については、「GPSに慣れるために、部門長と上司との間で実施されている週1回のミーティングを『仕事のGPS』で行う」という結論に。
論点②については、「まず、週1回で上司と部下との間で行っている週次報告のフォーマットをGPS化するところからスタートする」という結論。
論点③については、「上司への週次報告書を『仕事のGPS』でつくり、週1回の上司との面談の際、GPSでフィードバックを受ける」という結論を導きました。

世界一シンプルな問題解決
もGPSで問題なし

> 教育の目的とは、事実に基づいて考えることができる力を身につけさせてあげること
> 　　　　　　　　　『二重らせん』のジェームス・ワトソン

世界一シンプルな問題解決とは？

　世界に目を向けると、解決できない問題のひとつに貧困があります。国をはじめ国連やNGOやNPOなど実にさまざまな人びとが知恵とお金と時間を使って解決にあたってきましたが、なかなか解決の糸口が見えない問題です。

　そんな中、1700万人の貧困を救済したある問題解決メソッドがあります。

『世界一大きな問題のシンプルな解き方——私が貧困解決の現場で学んだこと』の著者で「残り90％の人たちのためのデザイン」を提唱し、スタンフォード大学やMITなどの研究者から絶大な支持を得ているIDE（International Development Enterprise）のポール・ポラック。彼は、「実践的なビジネス戦略を用いて、1日1ドル以下で生活する貧しい人びとの収入を増やす」というミッションのもと15カ国、1700万人の貧困解消を実現しています。

事件は「現場」で起きている

　この問題解決メソッドは、ホームレスの問題解決を手がけるところから発見されました。

　ポール・ポーラックがなかなか抜本的な解決策を見いだせないでいたある日、アプローチ方法を根本から変えてみました。彼がしたことは、ホームレスの人たちがとる行動の理由をじかに聞くことでした。

　ホームレスのひとりと一緒に暮らし、彼の行動を見て、「なんで、こんな行動をとるのだろう？」と疑問に思い、その理由を聞きました。それによって、研究室でいくら脳みそに汗をかいても出てこないようなアイデアがぽろりと出てくるようになったのです。

「現場」へ行き、「行動」を見て、「理由」を聞き、「解決」をする。こんな当たり前のことが、それまで多くの研究者や専門家やNPOが講じてきた解決策とは桁違いの効果をもたらしたのです。

　彼らは、この問題解決メソッドをアジアやアフリカの貧困地域でそのまま実践しました。結果、1700万人の貧困救済につながったわけです。

　ここまでの話を聞いて、「えっ、これって問題解決メソッドなの？」と思われた読者もいることでしょう。まさに、その通りで、メソッドというより「当たり前の考え方」にすぎません。でも、この「当たり前の考え方」を実行することほど難し

いことはないのです。ポール・ポラックは言いました。

「あきれるほど単純で当たり前の結論に達するまで、25年が必要だった。そして、私はようやくわかった。当たり前のことを理解して、当たり前のことを実行するのは、おそらく最も難しいことの1つなのだと」

「現場・行動・理由」＋「GPS」で当たり前に解決

彼らは「現場・行動・理由」の3点セットを実践し、そこから1ゴールを導き出しました。それは、とても単純で当たり前のことでした。

その1ゴールというのは「1エーカーの農場で十分稼げるようになる」ということです。そのために、いちごをはじめとする高付加価値な果実などの栽培方法、それを現金に換える流通のやり方を指導したのです。

つまり、彼らは「現場・行動・理由」の3点セットを実践した後、「GPS」をセットして問題を解決していったのです。ここでのポイントは次の3点になります。

① 事件は「現場」で起きている
② 現場の人の「行動」を見て、その「理由」を聞く
③ あとは「GPS」をセットすればOK

この当たり前の「考え方」を実践するだけで、あなたの職場でもイノベーションにつながる問題解決が生まれます。

Lesson of the Episode

見て解決！ 話して解決！
聞いて解決！

Check!

- [ ] パソコンとにらめっこしている時間が長い
- [ ] 「聞けば」いいのに聞けない
- [ ] 情報はネットで収集する

実践編

問題は5つの箱で整理！
「ソリューション・ボックス」

　スピーディに質の高い問題解決をするために求められるのが「問題を小分けする」ということです。

　複雑な問題というのは、片づかない部屋のように、どこから手をつけていいかわからない状況になっています。子どものころ、床にちらかったおもちゃを箱に入れて整理したように、問題状況を箱に小分けして解決するとスピーディに質の高い問題解決ができます。

　複雑な問題を小分けして、シンプルに解決する基本の型が「ソリューション・ボックス」です。

　箱は左の列から右へ、大きく5つあります。

　問題が起きている現場に足を運び、そこで目にした行動やシーンをすべて言葉にして、左側1列に並んだ箱に書き出していきます。

　次に、その当事者から行動の理由を聞き出し、その次の1列の箱に整理します。そして、この行動と理由を踏まえて、次の列の箱に解決策を書き出します。その後、次の1列にゴールと、その実現のための3つのポイントを書き出します。最後に、一番右の列の箱にその実現に向けての具体的な手順を書き

「行動」を見て書き出す	「理由」を聞いて書き出す	「解決」へ導く	GOAL	STEPS
資料を探している	← その認識がない	資料探しのコストとムリの意識をもってもらう そのための根拠を持ってもらう	営業資料を1/2にスリム化する	1. 資料の「ムダ」と「作戦」の企画書を用意する
机の上に資料を置く	← とりあえず置いている ← 手元にないと不安	共有資料の明確化 ← 与信借りるへのための3原則を用意する		2. 本部長に提案する
机の下に資料を置く	← 資料を把握していない ← とりあえず置いている	← ドキュメント担当作成		3. 資料Top100の明確化と担当者にヒアリング実施
机の中に資料を置く	← 資料を把握していない ← デッドストック化している （認識はある）		「解決」の3つのPOINT	4. 捨てる基準を求める
資料がどこにあるか開かない	← 誰に聞けばいいかわからない	←「開けば分解だ！」と合意文化 一覧ドキュメント	①本部長公認プロジェクトとしてお墨付きをもらうこと。	5. 資料の「今」を見える化する
誰が、どこに、どんな資料知らない	← 必要性、重要性、使う頻度が不明 ←「なんで？」この種類が必要している		②チームをつくる。プロジェクトを強力に推進してくれる仲間をつくる。	6. 捨てる基準でリアル不要な資料を捨てる
整理する習慣がない	← できれば習慣化したい ← 自分だけでなく全体でやれば...	週1日の捨てる、整理をする日	③資料を捨てるX-Dayを設定し、一気に、短期的に資料を捨てる。	7. 資料を別に整理する
		気づき→規律		8. 営業資料を一覧できるマップを用意する

見えていない！

出します。

3tトラック1台分の資料を畳4畳半に

かつて、私はメーカー勤務時代に、営業資料のスリム化プロジェクトを推進しました。当時、私の職場では、各営業担当者の机の下まで資料を束ねたファイルケースがあるくらい、職場は資料であふれかえっていました。ソリューション・ボックスの使い方の例として、そのときの問題解決のプロセスをここに書いてみます。

まず、営業担当者の行動をつぶさに観察しました。どんな資料を、どのタイミングで、どのように使っているのかを観察し、その後、「なぜ、この資料をこの場所に置くのですか？」「資料が必要なのに見つからないのはどんなときですか？」「資料を整理できない理由はなんですか？」などと、営業資料を整理できない、見つからない理由を掘り起こしていきました。

その結果、見えてきたのが、「どこにどんな資料があるのか見えていないために、とりあえず必要な資料は手元に置いておくという行動が繰り返されている」とわかりました。

そこで、私は「営業資料を一覧できる1枚のドキュメント・マップがあればうまくいく」という仮説を立てました。そして「営業資料1/2」をゴールにし、そのために「どこにどんな資料があるのか、紙1枚で見える」状態にし、営業資料半減化を目指してプロジェクトに着手しました。

ポイントは、3つです。

① 本部長公認プロジェクトとしてお墨付きをもらうこと
② チームをつくる。プロジェクトを強力に推進してくれる仲間をつくって脇をかためる
③ 資料を捨てる期限（デッドライン）と、集中して捨てる日を設定し、一気に短期に、資料を捨てる

その手順は、
1 「資料のムダとり作戦」の企画書を用意する
2 本部長に提案する
3 仕事をする上で必要な資料TOP100を明確にするべく、各担当者にヒアリングを実施する
4 理想の資料の構造を構築し、捨てる基準を明確にする
5 今どこにどんな資料があるのか、すべての資料を引っ張り出して分析する
6 捨てる基準に基づき、ダブり、不要な資料を捨てる
7 資料を棚に整理をする

このように、1ゴール、3ポイントで3tトラック1台分の資料を畳4畳半にスリム化することが可能になりました。
　一見、複雑に見える問題も、GPSの考え方をベースに「ソリューション・ボックス」で問題を小分けしていけば、シンプルに解決していくことができます。

おわりに

「100のスキルよりたった1つの考え方で仕事が変わる」。

　本書では、早くて質の高い仕事をするための"たった1つの考え方"をお伝えしてきました。最後にもうひとつ。"たった1つの考え方"で人生が変わる。というお話をします。

「あなたは、何がしたいんですか？」
　私はこの言葉を何度も耳にしてきました。
　スティーブ・ジョブズから年収1億円稼ぐ人たちまで。彼らは中途半端な仕事を目にすると烈火のごとく怒ります。そんなとき、決まって耳にする言葉、それが「あなたは、何がしたいんですか？」のひと言でした。
　仕事も、人生も、ピントがぼやけていると、「あなたは、何がしたいんですか？」のひと言に明確にこたえることができません。

　お恥ずかしい話ですが、私の人生はずっとピンボケでした。
　ただ、なんとく勉強した10代の受検勉強。ただ、なんとなく仕事に役立ちそうと、あれもこれもとスキルやノウハウに手を出した20代から30代。ただ、なんとなく、一生懸命努力をしてきました。
　10代のときは、なんとなく勉強をして、高校、大学へ行きました。当然、勉強らしき勉強をするわけもなく、毎日が「た

だ、なんとなく

　過ぎ去っていきます。

　社会人になって、たまたま本屋で見つけた成功哲学の本に触発されて、「成功するぞ！」と思い立ち、そこから私のスキルを追い求める旅がはじまります。

　学生時代は「ただ、なんとなく」過ぎ去り、社会人になってからは「ただ、なんとなく」スキルを身につける努力をしてきました。

　そんなピンボケな人生に終止符が打たれたのは、本書にも登場する師の方々との出会いからです。彼らとの仕事を通して、「あなたは、何がしたいんですか？」という問いに出発点で明確な答えを出す！ことの重要性を身をもって体験してきました。

　それは、報告書１本から、会議、プレゼンに至るまで。そして、人生においても「あなたは、何がしたいんですか？」からスタートする。

「あなたは、何がしたいんですか？」

　と聞かれたら、小学生のイチロー少年は「野球！」とこたえることができました。イチローは、他のことはすべて捨てて、子どものときから野球１本に絞りました。石川遼はゴルフ１本に絞りました。スティーブ・ジョブズは、パソコン１本に絞りました。ビル・ゲイツ、スティーブン・スピルバーグ、みんな１つにフォーカスして成功しました。

１つにフォーカスすること。

　成功者とは、"たった１つ"にフォーカスした人です。成功者は、「あなたは、何がしたいんですか？」に「１行」でこたえることができます。

　よく「夢をいっぱい書けば、夢は叶う」といいます。でも、大切なことは「夢はいっぱい書かない！」ということです。夢は１個のほうが実現するのが簡単です。

「自分のことぐらい１個に投資する」

　私の師は教えてくれました。そして、彼はこんなメッセージを手渡してくれました。

「あなたの人生は、最初からフォーカスするところからはじまりました。親もあなたの人生にフォーカスしてくれたはずです。そして、これまであなたを支えてきてくれた人たちは、あなたにフォーカスしてくれたのではないでしょうか。そう、あなたはみんなのフォーカスでもあります」

　１つにフォーカスする人生。プロの仕事が早くて質の高いのは、絞り込んでいるからです。プロは、１個にフォーカスし、１つのことに膨大な時間と冷めない情熱を注ぎ込んできました。

「何をしたらいいのか、わからない」とあれこれ手を出すより、たった１つにフォーカスする。そのために、必要な考え方を本書でお伝えしてきました。

　この本を読み終わったら、さっそく"たった１つの考え方"を活かしていってください。

なお、本書の第5章に登場した「年収アップのための8つのフォーマット（「F1レポート」から「ソリューション・ボックス」まで）」を、本書の専用ホームページよりダウンロードいただけます。

8つのフォーマットダウンロード

URL：http://creative-management.jp/think/
ID：gps
パスワード：present

　最後となりましたが、本書の出版にあたり多くの方々に感謝しております。これまでお世話になった師匠の方々。本書に対する貴重なフィードバックをいただいたみなさま。そして、深夜まで本書の編集に携わっていただいたみなさま。本当にありがとうございました。
　そして、読者のあなたへ。
　最後までお読みくださって、本当にありがとうございます。みなさんの成功を、お祈りしております。そして、仕事も人生もますます充実していきますように、願いを込めて。

2013年3月　高橋政史

【著者略歴】

高橋政史（たかはし・まさふみ）

クリエイティブマネジメント株式会社 代表取締役。1967年、群馬県高崎市生まれ。メーカー勤務時代に3tトラック1台分の営業資料を畳4畳半ほどにスリム化。その後、香港のマーケティング会社のCOO（取締役）を経て、戦略系コンサルティングファームにて経営コンサルタント。現在、戦略立案から会議・報告書・プレゼンまで、すべての仕事をフォーカスする「仕事のGPS」研修を実施。主な導入実績は、IT企業、金融機関、通信会社、商社、外資系金融機関、自動車メーカー、事務機器メーカー、通販会社、流通企業、精密機器メーカー、医療機関他。また、【読み・書き・プレゼン「1枚の学校」】を主催。ビジネス・パーソン、経営者、教育関係者、医師、現役官僚、大学教授まで、幅広い層が参加している。著書『すべての仕事を紙1枚にまとめてしまう整理術』『必要な知識を15分でインプットできる速読術』（クロスメディア・パブリッシング）、『マインドマップ問題解決』『マインドマップ会議術』（ともにダイヤモンド社）。
クリエイティブマネジメント　公式サイト
http://www.creative-management.jp

100のスキルよりたった1つの考え方で仕事が変わる

2013年4月11日　初版発行
2013年5月23日　第4刷発行

発　行　**株式会社クロスメディア・パブリッシング**
発 行 者　小早川 幸一郎
〒151-0051　東京都渋谷区千駄ヶ谷4-20-3 東栄神宮外苑ビル
http://www.cm-publishing.co.jp

発　売　**株式会社インプレスコミュニケーションズ**
〒102-0075　東京都千代田区三番町20
TEL（03）5275-2442　FAX（03）5275-2444

■ 本の内容に関するお問い合わせ先 ……………………………… クロスメディア・パブリッシング
　　　　　　　　　　　　　　　　　　　　　　　　TEL（03）5413-3140　FAX（03）5413-3141
■ 乱丁本・落丁本のお取り替えに関する …………… インプレスコミュニケーションズ カスタマーセンター
　お問い合わせ先　　　　　　　　　　　　　　　　　TEL（03）5275-9051　FAX（03）5275-2443

カバーデザイン　金澤浩二
カバーイラスト　石坂しずか
本文デザイン　上坊菜々子
本文イラスト　村山宇希（ぽるか）
©Masafumi Takahashi 2013 Printed in Japan

印刷・製本　株式会社シナノ
ISBN978-4-8443-7311-7 C2034